活下來
就是**英雄**

面對濫殺槍手
反恐專家教你保命

BE A
HERO

約翰·紀狄斯 & 艾隆·李斯
John Geddes & Alun Rees

林添貴｜譯

推 薦 序

在《活下來就是英雄》這本書中,特戰部隊退役戰士約翰・紀狄斯和作家艾隆・李斯就全球暴力攻擊成災提出一種常識性的反應對策。兩位作者高明的列出易於了解卻又詳盡的說明,敘述激進槍手所造成的威脅,以及應該採取什麼步驟才能增加你在受到攻擊時存活的機率。

雖然某些軍中及執法機關人員知道如何回應槍擊事件,但絕大多數民眾從來沒有接受過類似的訓練。拜約翰・紀狄斯和艾隆・李斯之賜,現在我們可以藉由閱讀和演練書中的指示迅速了解這些原則。

激進槍手通常企圖儘可能殺害越多人越好,他在被撂倒以前不會住手。但是在警察有所反應之前,受害者已經遭到攻擊。這是個事實,你無法坐等警察來拯救眾人生命,應該在事前就學習拯救自己、家人及同事的性命。

無論是兒童、學生、上班族,或任何在等候火車的人,都有遭到激進槍手攻擊的風險。《活下來就是英雄》

不是在嚇唬讀者,而是提供資訊,教導民眾做好準備。

九一一事件後,我奉派替一個聯邦機關建立對付激進槍手的訓練計畫,花了好幾年時間訓練政府員工、執法人員和平民百姓。儘管我們提防濫殺槍手所涉及的各種危險,我很震驚過去十年這類攻擊仍然層出不窮。光是在美國,每個月平均發生近兩次濫殺攻擊事件,全美五十州有超過四十州發生這類攻擊。以全球而言,包括在戰爭區發生的攻擊件數,竟超過一萬以上。

我們無法預料這種攻擊,通常禍起蕭牆,殺戮事件前前後後持續不到五分鐘。

美國聯邦調查局曾對一百六十起濫殺槍擊事件進行研究,共有四百八十六名無辜者喪命,五百五十七人受傷。有些攻擊事件有跡可尋,可能是家屬、前任配偶或同事遭到攻擊;也有些案例是不分青紅皂白被隨機濫殺。

聯邦調查局的研究也發現,一百六十起事件中有二十一起是手無寸鐵、毫無武器的老百姓(如校長、老師和教授)奮勇反抗,阻止攻擊。濫殺攻擊事件大多發生在購物中心、學校和公司,只要是有大批民眾出入的任何地方都是潛在的攻擊目標。

研究也指出,在我們的社會裡,這種威脅真實明確。同時也凸顯出平常訓練的重要性——不只是那些最

先碰上危險必須即時反應的人，一般民眾更不能忽視平常的應變訓練及準備。

我經常告訴我的學生：「假設發生攻擊，你的家人、朋友或同事遇害，只因為你不曉得該怎麼做，你沒有採取可以拯救他們性命的簡單動作，是不是會終身抱憾？所以要未雨綢繆，做好準備。」

我強烈相信我們都需要竭盡全力認識可能面對的威脅，保持警覺、做好準備，遇上攻擊時馬上可以應對。《活下來就是英雄》可以幫助你遇上最惡劣狀況時，增加生存機會。

唐・曼恩（Don Mann）
美國海豹部隊（退役）

作 者 自 序

這種事絕對不會發生在我身上。

真是這樣嗎？當你穿過倫敦街頭，安步當車上班，或在孟買旅社、巴黎咖啡館啜飲咖啡；擠在人群裡，觀賞波士頓馬拉松賽跑；或是在科倫拜（Columbine）高中上課。一如往常，一切都很平靜。突然間，地獄之門洞開——窗戶炸裂，附近有個裝置爆炸了，震波實質衝擊到你。你能否在爆炸中存活根本像買樂透一樣困難。即使你幸運活下來，旋即有人開槍，你聽到自動武器槍聲往你這邊逼近。你嚇壞了，你不知道下一步應該怎麼辦？該往哪個方向跑？可以向誰求救？

用軍事術語來說，你已經遭到伏襲——只不過你是平民百姓。你從來不曾接受訓練，沒有像軍人一樣遭到攻擊時的本能反應。你也不知道實彈射擊的力道，不知道自己下一個反應的戰術意義。

震驚、恐懼、歇斯底里，你並沒有心理準備立刻做出反應，但是因為槍手任意濫射，你面臨了生死攸關的選擇。

我可以幫得上忙。

我是約翰・紀狄斯，我寫這本自救手冊就是要協助你活下來。本書意在協助一般人一旦身陷槍手大開殺戒的混亂和恐慌之中如何保存性命。

我本著在英國陸軍空降特勤隊擔任准尉，與其他精銳部隊並肩作戰的深厚經驗來撰寫這本指南。我曾在全球各地參與數十次的反恐作戰任務和祕密作業，經常與美國陸軍反恐特戰部隊「三角洲部隊」（Delta Force）的同仁聯手作業。我年輕時曾參加福克蘭戰爭，對於戰場傷亡的殘酷現實有清楚的認識。

我後來從特戰部隊退役改行當保鑣，保護電視台採訪人員、外交官和生意人，協助他們深入伊拉克、阿富汗和非洲等叛亂頻仍、聖戰活躍的危險境域，又學習到更多經驗。我引導他們躲過動亂、爆炸和槍枝、榴彈的伏襲。

多年來，我向數百位客戶說明當危機發生時應如何反應。我也可以在此向你說明如何控制難以避免的驚慌。我將協助你配備必需的工具，在極端混亂當中當機立斷、做出明智的決定。

這些年來，幾乎不需間隔一個星期，電視上就會報導新的濫殺慘劇，其次數正以驚人的比例增加。

事實非常可怕。二〇一〇年，在戰地之外，全世界發生十五起恐怖攻擊事件。到了二〇一五年，慘案暴增為一百一十八起。光是二〇一六年第一季，就發生二十五起攻擊，包括震撼比利時首都布魯塞爾的事件。是年年底，美國和歐洲合計有四百三十二人在恐怖攻擊中遇害身亡，另有數百人負傷。這裡頭包括美國史上最慘烈的恐怖攻擊——佛羅里達州「脈動夜總會」槍擊事件。

美國平均每年發生二十起大規模濫射事件；這些慘案通常持續時間前後不到二十分鐘，經常是迅速落幕。

如果你把在阿富汗、敘利亞、葉門、利比亞和伊拉克等戰爭地區的數字加入，濫殺事件立刻暴增萬倍以上。即使在平常日子，全球各地成千上萬的人正受到極端危險狀況影響，並無緩和跡象。

最恐怖的是，現在又出現新形態的威脅，三不五時會有聖戰戰士在公開場合隨機動小刀或利刃傷人，為的是散布恐懼感。

本書代表對全球暴力攻擊泛濫成災的一種常識性反應。大家可以抱持最樂觀的希望，但也應該未雨綢繆針對突發戰爭的世界做好萬全準備。

這也是為什麼我要借重過去經驗寫這本書，做為一

本實用指南，面對令人難以接受的現代恐怖主義，我的目標是賦予你平安保身的知識，支持你在危險環伺的時代過日子。

書名《活下來就是英雄》反映出真相。你可以在別人驚慌失措之際，保持冷靜而成為英雄。你可以在現場提供醫療急救而成為英雄。你不必和激進槍手對幹就可以成為英雄。你若能撂倒凶手，當然更是英雄。臨危不亂、能做出決定，就是勇敢之舉。能果斷，就是英雄。

這三個不可分割的真相就是我們的核心議題：我們不是羔羊；我們不必束手待斃；我們可以有所行動，保護自己。

幸運、勇敢，加上掌握瞬息的機會，你從書中學到的本事可以幫助你在槍手行凶時制止他。

託老天之福，你也許一輩子不會需要用到這一身的本事。但萬一真的有必要，我希望它們能幫助你成為英雄。

約翰 · 紀狄斯
二〇一六年九月

目　錄

第一章　控制自我恐懼　　　　　　29

——了解為何恐懼及控制恐懼的方法

一、恐懼的生物學原理

二、鎮靜的技巧

三、劇本

第二章　評估形勢風險　　　　　　39

——情勢察覺與評估動態風險

一、情勢察覺

二、動態風險評估

目錄

第十章　記取歷史教訓
——理論與過去的濫殺事件結合

導 言

　　萬一最壞的情況不幸發生，你遭到炸彈或槍彈攻擊。一連串的恐懼湧上身來，你驚慌失措、喘不過氣、心跳加劇、腎上腺素上升、視線模糊。你不曉得該往哪個方向跑。

　　下一步怎麼辦？向誰求助？該往哪裡去？我在各章將詳細介紹相關知識給你。

1. 炸彈爆炸是種很極端的情勢，我會提供你基本知識去應對，同時提供適當的技能幫助你自己及負傷者。

2. 槍手濫殺事件又是不同的挑戰。我將一步一步教你做決定，讓你躲過殺手。我也將教你一些基本措施，幫助你必要時採取直接行動，對付殺手。你已經別無選擇，不做就只有等死。

3. 萬一先發生炸彈爆炸，再繼以濫槍掃射的情況，這是特別令人驚慌和錯亂的情況，我會教你如何應付。

　　本書將以你可能遇上的三種基本狀況——炸彈攻

擊、濫槍掃射，和兩者併發——來介紹三種應採取的行動及其排列組合。

一旦攻擊事件發生，你前幾秒鐘的反應非常重要，這可能注定了你的生或死。大腦的緊急反應系統將釋放神經化學物質，充滿全身，促成身體僵滯不動、逃跑或反抗的原始反應。自然機制就是如此。人類從大型、掠奪動物環伺之下演進到能夠生存和狩獵，最一開始僵滯不動的反應，就是要讓你不會被危險的掠奪者查覺到。濫殺槍手就是危險的掠奪者。

當你的感官判斷你有機會逃跑，而全身充滿腎上腺素時，就會有逃跑的反應。如果逃跑策略無效，你不幸被堵住，反抗的反應就會出現。不用誤會——在性命交關的關頭，你會發現自己能拚死一搏。

大腦發出的其他化學訊息，譬如憤怒、報復或希望拯救別人性命等，即使你有逃跑的選擇，可能還是會觸動反抗的反應。

讓我們盼望所有這些堅硬連結的反應都還存在。讓我們希望你可以悄無動靜，淡入到背景，殺手沒有注意到你。讓我們盼望你能找到空隙，在不吸引一排槍彈之下適時突圍。但如果你決定冒險反擊，讓我們盼望你的反抗能強大到把攻擊者撂倒。

當頭幾秒或幾分鐘內,你依賴這些石器時代的原始反應之後,接下來你必須能控制和導引從全身發出的腎上腺素和皮質醇化學物質的反應。實際上,你已經充好了電,需要把腳移開踏板。學習管理好你的衝動,做出深思熟慮和理性的選擇才能活命。

知識引導理解,以下各章,我將說明雷達觸動僵滯不動、逃跑或反抗的連鎖反應時的過程。我也將說明,你如何能把上衝的腎上腺素導引至重要行動,使你在最壞的情況下有最好的結果。

當今社會許多恐怖行動不請自來,就出現在我們門前。在歐美西方國家,許多聖戰士刻意鎖定在日常生活中或休憩時刻的平民老百姓為攻擊目標。同樣的,偏執的槍手也在我們社區和大學校園濫殺無辜。

濫殺槍手的一般特徵相當一致。百分之九十八的案例槍手都是單獨行動,而且百分之九十六的槍手是男性,因此我在本書從頭到尾都稱槍手是「他」,而很少用「她」。百分之四十的事件以激進槍手自殺而終止;其餘大部分事件是以他遭到擊斃而落幕;很少有激進槍手被活擒落網的案例。

恐怖攻擊不只局限在已開發的經濟體。非洲、中東和印度次大陸的普通老百姓,也都可能遭到炸彈或槍殺之類宗派性質的致命攻擊。

　　本書可以幫助全世界任何地方的任何人。我必須澄清一點，我無意談論極端伊斯蘭的邪惡，或是批評任何國家的槍械管制法令。這些議題不在我討論之列，除非它們涉及到攻擊事件的進行。子彈隨意亂飛時，動機已經無關宏旨。宗教不寬容或是腦子裡聽到什麼聲音呼喚，聖戰士或是偏執的宅男大學生──通通不重要。最重要的只有一件事：保全性命。

　　我又要提到這本書的書名《活下來就是英雄》。這是最根本的一點。我對何謂英雄的定義，不僅局限在能贏得榮譽勳章的軍事英勇行動。

　　社會大眾承認、感謝受過訓練的陸、海、空軍子弟的英勇行為。可是，需要克服某些特殊挑戰的身無寸鐵、未經訓練的平民，仍然可以運用不同方式展現他的英勇氣概。依我個人的看法，如果你度過炸彈或槍彈攻擊而大難不死，然後對受傷人士施以醫療救助，你就是英雄。同理，如果你設法躲過瘋狂槍手，帶領一群飽經驚嚇的人逃到安全之地，你也是英雄。在危機熱浪的當下，有些人本能的想要攻擊凶手，本書也提供某些核心技能，使你可以變成這樣的英雄。也有紀錄顯示，某些人替親人、或甚至完全陌生的人擋子彈，拯救他們的性命。這更是無法言喻的無私大勇。

　　西方世界絕大多數警察首長不主張個人直接行動，

提倡「交給專家處理」的哲學。基本上，我不贊同他們的看法。但是我同意美國國土安全部的一項忠告：「作為最後的手段，試圖把激進槍手撂倒。當槍手就在近距離，你又不能逃跑時，如果試圖撂倒他，你的生存機會要大得多。」

我還要進一步說明，某些情形下，某些有能力、有決心的個人應該積極與槍手對抗。我指的是有作戰經驗和領有合法執照攜帶槍械的人士，他們的介入可以拯救無辜的性命。通常，官方部隊要「清理」出激進槍手的區域，會造成長時間拖延。如果你有直覺想採取行動對付一名槍手，那就放手一搏。它可能是放手一搏或當場送命的抉擇，我將協助你了解該怎麼做。

男性或女性，英雄和英雌都有很多種。他們的特質可能發揮在實質勇敢的行動，或是比較不明顯的英勇反抗動作。我希望這本書能幫你找出內在的英雄本色。不論你是體格壯碩的戰士還是體形較弱的書生，都能具備相當的勇氣。你稍後就會知道。

不論你個人特質如何，如果你從一開始就明白一件事，絕對會有極大的用處。動用槍枝、炸彈攻擊的人，是完全不考慮憐憫的。先得搞懂這一點，求饒，不會有用；你不會得到饒恕，最好要有準備，你將會被丟進俄羅斯輪盤的賭注當中。而我要幫助你贏得勝利。

一、控制自我恐懼

　　它包含某些簡單、但有效的技巧，重新調整自己，把恐怖所產生的化學衝動至少能部分控制住。讓我們假設你已經稍微控制住自己，你的心跳減慢，呼吸也逐漸正常。下一步該怎麼辦？是的，你身陷險境，必須當機立斷。

二、評估形式風險

　　我會教你「情勢察覺」（Situational Awareness）和「動態風險評估」（Dynamic Risk Assessment）的技巧。情勢察覺將教你觀察周遭環境的新方法，使你的日常生活更有活力；動態風險評估將教你在危險出現時發揮滾動式、即時（real-time）分析情勢的能力。

三、逃跑或是躲避

　　大多數人遇到攻擊會想躲起來；也有人想要逃離現場。這是不錯的策略，我會詳細分析逃跑和躲避的最佳技巧。你會學到躲避槍火的招術，這是一流戰士在危險的戰場環境的第二本能。我將解說最適合躲藏的地方，以及哪些日常事物和地形可提供最好的保護。我也會告訴你，哪裡不能躲。

四、擾亂殺手節奏

我會教你用什麼方法可以擾亂殺手殺戮的節奏，以及如何利用日常物品製造逆轉勝，讓殺手分心甚至陷入危險。

五、出奇致勝反擊

對於決心要反擊的人士，第五章會告訴你攸關性命的策略，幫助你扳平勝算。我會列出站穩位置攻擊的技巧，教你哪些常見的東西可以做為武器。我也會教你一些高度有效的特戰部隊方法來解除槍手的武裝。攻擊槍手時，你需要使盡洪荒之力。

但是，請你記得，法律規定當槍手被解除武裝、制伏之後，你必須自我節制。當他不再構成立即性的危險時，你必須停止攻擊他。這可能很瘋狂，但是千萬不要再繼續痛毆他；否則，你可能遭遇法務上的麻煩，或甚至被槍手的家屬提告。

六、利刃攻擊事件

本章將討論越來越多的隨機砍人問題。這類事件發生的次數越來越多，也在各地引起效仿之風。我會教你對付利刃攻擊的策略。但我不得不強調這是危險的殊死

一搏，只有你自己可以做決定，我的建議可能救你一命，也可能救不了你一命。一旦做好決定，利用本書獲得的知識將協助你有信心面對恐怖分子，避免遭人任意施暴。本書很少提到壞人可能接觸到聖戰士或無政府主義者的網站。畢竟，我們是生活在可以任意下載指示，相當容易就能製造核子裝備的時代。壞人花時間做研究，並且透過網路分享知識。我認為，現在是時候了，好人也該具備除非陷入絕境否則不會使用的知識。

七、有效使用武器

本章要討論有許可證、可在某些管轄區隨身攜帶武器的人士。我將列出一些你可以最有效使用武器的策略。我也會指出你在使用手槍的一些缺陷，以及如何避免。合法攜槍人士或許可以射殺手持凶器的殺手，但是殺手不再手握武器時，也必須適可而止。基本上，當他手持武器時，你可以殺他，但是他一解除武裝，你就不能殺他。不過，一千個律師對此可能會有一千種不同的意見。

八、現場醫事急救

大部分人能幫得上忙的是現場醫事急救，本章將討論這個議題。但是千萬要搞清楚，我們談的不是割傷、擦傷，而是創傷嚴重的戰場傷勢，炸藥炸斷四肢，以及

砲彈或槍彈打穿、撕裂重要器官的大災難。這是需要堅定毅力的工作，脆弱的人需要先有心理準備。醫護人員通常會被擋在老遠之外，等待現場被安全控制。我會告訴你如何在此之前執行作戰型態的急救，日常用品可以用來控制大量失血的急救之需，我也會告訴你怎麼做。

九、使用數位科技

　　本章將會討論有關恐怖分子甚至受害者本身遭遇攻擊時，使用數位科技或社群媒體的一些問題。這是很複雜、困難的一部分，我當然也會提供一些看法。

十、記取歷史教訓

　　到目前為止，我所討論的各章都是如何在槍擊事件中保命的理論層面。我所敘述的掩蔽和逃跑，創造對槍手不利環境，以及在最後分析中，摺倒槍手的種種可能性，都是抽象的。有些人可能認為：「謝了，先生。不可能的。你或許在一秒鐘內就被一槍斃命。」我不會責怪你。是的，相信我，什麼事情都有可能發生。所以最後一章將把一切總結起來，把理論與實際結合在一起。我將引述一些平常百姓身陷激進槍手事件所時做出的英勇行動，它們都見諸文獻記載。你學到的教訓都是有事實根據的，抽象概念將會有生命。

我會引用許多槍擊事件的案例歷史，譬如巴黎巴塔克蘭（Bataclan）搖滾音樂會慘案、奧蘭多脈動夜總會慘案、桑迪‧胡克小學（Sandy Hook Elementary School）和科倫拜高中慘案以及其他許多個案。這些案例包含啟示個人自行掌握命運、逆轉恐怖分子罪行的記載。我將之區分為學校、購物中心和電影院等不同類別，方便我講解不同環境呈現的困難問題，以及對付它們的最佳辦法。

我們可以從這些悲劇汲取教訓。它們全部印證我所提供的務實忠告。有些人曾經陷身殺戮當中，決心當自己的英雄，拯救過許多無辜的性命。

請記住，這不是可以按部就班的指導手冊，本書各章不能依序遵循，因為每一個恐怖事件都有它的特色，我所列舉的行動，在實際恐怖事件中很可能以不同順序出現。所有線頭都必須整合起來，才能提供你最佳的保命機會。練習及熟悉我所列舉的技能，記住從每一章結合的知識，然後適時運用。

舉例來說，你可能發現自己可以跑開、躲藏。第三章的資訊就可以指導你如何找尋最佳地點。當你跑到相對安全的地方時，就可利用第一章列舉的技巧克服你的恐懼，啟動你的腎上腺素衝動並善加利用。這時候你也要評估從其他章學到的資訊，不斷調整、評估所處

的情勢。軍事術語稱之為「滾動式威脅評估」（rolling threat assessment）。這個技巧，加上「情勢察覺」的藝術，我們在第二章有介紹。你們當中可能會出現天生的領袖——或許某人受過軍事或警察訓練。我會幫助你辨識並且建設性的追隨這樣的人物。但是我由衷相信本書將幫助你從自身發掘出領導特質。

你可以根據槍擊事件所浮現的狀況做出你的判斷。「領導、追隨，別擋路！」男性、女性都可以，性別在這裡無關緊要，重要的是有人起而領導。

一旦狀況發生，我相信你在本書學到的原則會即時冒出，幫助你和其他人存活。我也希望你能改變自己的思維方式。現代科技讓我們生活在數位鏡宮裡，真正的現實存在於我們寄身的社群媒體泡沫之外。人們踏出家門時，往往帶著他們的社群媒體泡沫一起走，用耳機和簡訊把自己和世界隔絕起來。

換成我是你，我會把數位泡沫留在家裡。忘掉耳機傳來的音樂，聆聽街頭的聲音；一旦有危險，它會讓你掌握蛛絲馬跡。除非必要通訊時才使用你的手機，別用來閒嗑牙聊天。

我知道很多人會排斥我的建議，即使跳脫本書討論的主題，熟悉你周遭的環境還是明智之舉，請多注意周遭世界，你會得到新穎、活潑的新思維。

恐怖事件不是電玩遊戲，當你為求生存奮鬥時，電腦算式也救不了你，更不會有超人跳出來幫你。一旦碰上了，你只有靠自己。你必須從內心深處挖掘真正的勇氣。

請你也清楚記住這一點。恐怖分子不是超人，他們和你、我一樣都是血肉之軀。甚且有許多恐怖分子是懦夫，藉著吸毒或持有武器壯膽。歷史事證告訴我們，他們可以被撂倒。本書提供你知識、技能和決心，面對暴力，有效反攻。

你可以當自己的英雄，你不是綿羊，不必排隊等著被屠殺！

第一章

控制自我恐懼

了解為何恐懼及控制恐懼的方法

> 本章將說明產生恐懼心理的複雜過程，然後將會列舉控制恐懼的簡單方法。了解恐懼可以幫助你控制恐懼；控制恐懼可以幫助你活命。

我們全都經歷過毛骨悚然的驚嚇事件。它或許是在高速公路上差一點撞車出車禍，或是遇上急流差一點淹死。

恐懼是有目的的，它是生存的機制；自有人類以來，我們的生物機制就已經連線上「戰鬥或逃亡」的系統，即使是特種作戰部隊軍人也免不了心跳、極端不舒適的癥狀。

軍人和第一線急救人員透過不斷的演練，學會把他們的腎上腺素衝動導入有效的行動。對沒經過訓練或考驗過的人而言，當他們處於本質上是軍事性質的情境——自殺炸彈引爆或槍手濫射攻擊——就完全不同了。

如果你人位在具掠奪性的濫殺槍手附近的話，沒有一本書可以讓你不產生恐懼感。但是我相信我可以幫你控制恐懼，直到你可以理性評估情勢，並運用判斷達到最佳結果。

首先，我要盡可能以最單純的詞語說明恐懼的生

物學原理。了解你身體真正的變化，將協助你控制好身體的反應。我不是科學家，但是我確信，以下的說明確切描繪產生恐懼的過程——雖然是以非專家的術語來解說。

一、恐懼的生物學原理

你的感官最重要的是視覺和聽覺，它們不斷掃描周遭環境是否有危險跡象。當它們偵測到危險，會把訊息傳達到大腦的指揮和控制中心——這是位於大腦底部核桃形狀的器官，學名「杏仁核」（amygdala）。

這是警鈴階段，杏仁核立刻發出所謂「麩胺酸」（glutamate）的化學物質，啟動大腦裡另兩個指揮中心。第一個名叫「中腦導水管周圍灰質」（periaq-ueductal gray），這個接收器依據感官送進來的訊息，命令身體立刻閃避或僵滯不動。這些反應是反射性的，完全自動化。

大腦麩胺酸的另一個反應是把訊息送進「下視丘」（hypothalamus），它啟動我們的自主神經系統，啟動著名的「逃或戰」反射。下視丘、中腦導水管周圍灰質和杏仁核這個網絡通稱「下視丘—腦垂體—腎上腺軸」（hypothalamic–pituitary–adrenal axis, HPA axis）。它一旦啟動，會令人心跳加快、血壓上升。腎上腺素進入身體後，讓你會感到恐懼時的那股衝動。隨後可能會有視

覺模糊、流汗、口乾和與現實脫節的感受。

恐懼的反應有三個特色，全都是生物求生存的自動機制。第一是僵固在現場，它源自於我們遠古老祖先時代，避免我們受到危險的掠奪者如獅子、大熊的注意。在我們的劇本裡，掠奪者就是濫殺無辜的槍手。

第二種反應是逃跑。當你的感官告訴你沒有必要原地不動時就會出現這個念頭。腎上腺素已經進入你的細胞，它要找個解脫，會轉而給你逃命所需的超級英雄精力。

第三種反應是反抗，通常在別無選擇之下它會出現。因此，當我們的感官說逃跑已經不可能了，腎上腺素的上升會重新導向用盡洪荒之力，盡一切可能去反抗。

另外還有一種放鬆機制，即所謂「副交感神經系統」（parasympathetic nervous system）。它透過逆轉腎上腺素的流動，把我們心跳降回正常水平，來抑制「戰或逃」的本能反應。副交感神經反應就是為什麼每次你遇到事先沒預料的驚嚇，如突然「碰」一大聲，突然上升的腎上腺素又可以快速逆轉的原因。起初的反應已經進行，但如果威脅並非真實，副交感神經系統讓我們快速冷靜下來，身體的正常服務就恢復了。

許多人會有明明四周並無威脅、卻覺得大禍將臨的

癥狀，這就是我們所謂的驚慌來襲。它們和真正感到恐懼不同，是嚴重的醫學狀態，不容小覷。

從醫學上來講，震驚和害怕是非常不同的兩件事，通常伴隨嚴重受傷而來，包括炸彈爆炸的震波之影響。受害者因炸彈或子彈而受重傷會造成血壓急劇下降，也會影響到主要器官。這是醫學創傷，需要專家特別注意。

有一個驚人的事實是炸彈震波的方向無從預測，它受到爆炸現場實體環境的影響。一張牢固的桌子或許可以卸除震波，站在另一邊的某人可能毫髮不傷，腦部也沒受傷。這好像在抽樂透一樣。

基於討論的方便，我們將假設你非常幸運，逃過炸彈爆炸中危及性命的傷害和嚴重的醫學創傷。採納我即將敘述的技巧冷靜下來後，你可以再運用後面章節所敘述的戰場醫學常識。或許你經歷炸彈攻擊，大難不死，卻發現身陷緊隨而來槍手的射擊火網當中。假設如此，你可以運用在詳述逃跑與躲避各章，甚至必要時在反擊之章所擬訂的策略。

當一名槍手進入眼簾時，你不是把自己僵固在現場，就是躲避，找掩護，要看你的感官——視覺和聽覺——告訴你怎麼辦才好。如果你找到安全掩護，但是槍手朝著你的位置迅速逼近，反抗的本能可能浮現。沒

錯，你可能被迫攻擊暴徒，爭取最微小的存活機會。

以下各章便提供你尋找掩護和採取行動所必需的知識。一旦你吸收且練習這些資訊，它們將停留在你腦子裡。我們稱之為「肌肉記憶」（muscle memory），它會變成第二本能，我們有理由相信，必要時它會自動出現。

二、鎮靜的技巧

你可能發現自己在槍擊事件中已經躲了一會兒，請利用這段期間運用副交感神經系統冷靜下來。要這麼做有幾個技巧：

◉ 重新調整你自己

你該做的第一件事是把自己帶回當下。時間會有夢幻般的感覺，事件似乎以慢動作在眼前展開。你會有一種不真實的感覺。究竟怎麼一回事？我真的遇上災難了嗎？

首先把自己全身上下檢查一遍。要對身體進行最大可能的檢查，拿手搓揉你的軀幹、雙腿和臂膀。檢查的時候，仔細不斷查看雙手是否有流血或其他顯示你受傷的跡象，輕輕撫摸你的頭部和臉部，慢慢、有系統的碰觸和查看。別忘了也要檢查腋下。

剛才凶手開槍掃射，有沒有碎片打到你？檢查身上是否有創傷的跡象？你在低身閃避時有沒有扭到膝蓋或傷到肩膀？讓身體按照正常活動方式動一動，看看哪裡疼痛？

在你決定要逃或要打之前，必須先知道這些身體資訊。還有一點很重要，要記住身上受什麼傷，在急救人員到場時能告訴他們。這些動作是很重要的鎮靜技巧，能把自己帶回到現實意識，它會讓你的腦子轉為關注你的身體。

接下來，看一下你的手錶，記住時間，數三十秒。這會把你的思緒帶回到當下。計數可以幫忙把「下視丘—腦垂體—腎上腺軸」解開，允許你的神經系統重新啟動。如果你腦袋被撞到，這會特別有幫助。

同樣的，檢查一下你的衣飾和顏色也有幫助。提醒你自己，你穿的是藍色西裝、黑色皮鞋。專家把這個技術稱為「感官輸入」（Sensory Input），它們有助於前額葉皮質（prefrontal cortex）——大腦做決定的部分——恢復運作。

一旦你做完上述這些，可以開始觀察身處的環境，軍事術語把這稱做「動態風險評估」。這是做攸關生死決定的重大前驅，我將在本章後面再討論動態風險評估。

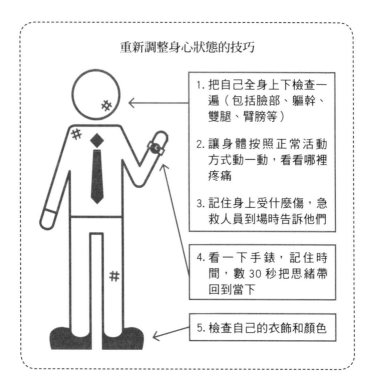

重新調整身心狀態的技巧

1. 把自己全身上下檢查一遍（包括臉部、軀幹、雙腿、臂膀等）

2. 讓身體按照正常活動方式動一動，看看哪裡疼痛

3. 記住身上受什麼傷，急救人員到場時告訴他們

4. 看一下手錶，記住時間，數 30 秒把思緒帶回到當下

5. 檢查自己的衣飾和顏色

如果這些簡單的技巧還不見效，你還是處於高度恐懼、遲疑不決和慌亂，你還可以試試某些非常有效的呼吸練習。

◉ 呼吸練習

我建議各位要練習所有這些技巧，直到它們成為第二本能。它們全都經過證明，在處理日常、個人創傷情勢，如意外事故或甚至喪親之痛時都相當有效。這些呼

吸練習可以幫助你在創傷中自律、冷靜下來。

　　第一步是有節律的呼吸（Paced Breathing），是至少把你的恐懼部分控制住的快速方法。有節律的呼吸涉及到兩個技巧。首先，你慢慢數六十次呼吸，此時要專注在呼氣。吸氣、吐氣，計數。然後你再試另一種「橫隔膜呼吸」（diaphragmatic breathing）。這一次你吸氣時數到四、呼氣時數到八。如此重覆十次，每次專注在呼氣。

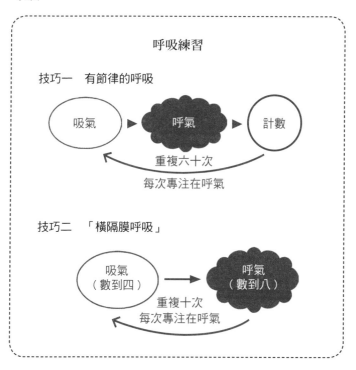

　　這兩個技巧都是刺激你的副交感神經系統啟動的好方法。它也會幫助你的頭腦思緒清空，重新啟動你的思路，你應該就能更清楚評估下一步該怎麼做。在槍擊事件下，清醒的做決定絕對攸關性命。

　　我們還要再介紹幾種有用的呼吸策略。其中之一叫做「交互換掌自律」（Inter–Palmal Self Regulation）。把一隻手放在額頭上，另一隻手按在胸前。吸氣、吐氣各三次，專注在吐氣。然後把手從額頭移到小腹。再吸氣、吐氣各三次。

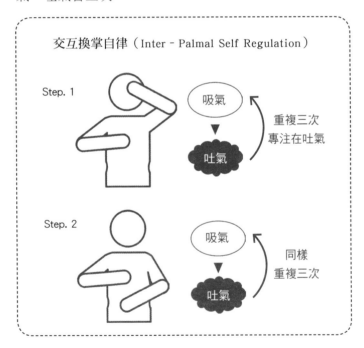

交互換掌自律（Inter - Palmal Self Regulation）

Step. 1

吸氣

吐氣

重複三次
專注在吐氣

Step. 2

吸氣

吐氣

同樣
重複三次

要在創痛和混亂之中運用這些策略可能很困難，因為當你試圖冷靜下來之際，你的神經系統卻堅持維持「戰或逃」的狀態。然而，這些練習會幫助你從亢奮狀態重新校正神經系統。你開始再度清晰思考，依據情勢做出攸關性命的理智判斷。把它們全部試一試，看看哪一種最適合你，而且最重要的是，選擇你能記得住的那一種技巧。

三、劇本

以下我假設你並未受重傷，重述不同劇本下的鎮靜技巧：

◉ 炸彈爆炸

首先是把自己全身上下檢查一遍。用手慢慢撫摸你的四肢和軀體，檢查是否受傷——不論傷勢多麼細小。同時，以用相同方法檢查頭部和臉部。然後立刻演練鎮靜下來。看一下手錶，數到三十秒。再來啟動你已經練習、也完全記住、有節律的呼吸動作。你可以慢慢計數六十次呼吸，專注在吐氣。每吐氣一次，計數一次。或是吸氣時數到四，吐氣時數到六，重覆十次，一樣注重吐氣。

你現在應該已經進入較不緊繃的恐懼狀態，可以開始想辦法幫助別人。你能怎麼幫上忙，將在第五章說明。

◉ 槍擊事件

前幾秒鐘將由槍手的行動以及你的反應來做決定。你可能會僵滯不動或會躲開找掩護，如果你的反應已經使你相對安全，就開始上述相同的鎮靜演練。

當你恢復到對當下時空的認知時，再遵循本書有關躲避、攻擊槍手以及急救反應的其他指示。

◉ 炸彈爆炸後、槍聲大作

你別無選擇，頭幾秒鐘必須以本能行動。可能有人已經被炸彈炸死，毫無疑問，槍手也將開槍、狙殺更多人。如果炸彈沒炸死你，前幾秒鐘也沒被槍手打傷，先找掩護，再做上述建議的演練。

解壓，評估，決斷。

當你恢復對當下時空的認知之後，還有一個策略可以控制住恐懼的心理：想想你心愛的人，並開始覆述這句話——

「我不是羔羊。我不會坐以待斃。」

第二章

評估形勢風險

情勢察覺與評估動態風險

> 本章將說明你在日常生活中應該發展的兩種關鍵技能。第一是「情勢察覺」（Situational Awareness），簡單說就是觀察周遭動靜，掌握、理解狀況。
>
> 第二種技能是「動態風險評估」（Dynamic Risk Assessment），即在危機情勢快速發生時評估風險的能力。評估的結果會讓你有所選擇，而且攸關重大，決定你下一步的動作。

　　我和其他戰場專業人員一樣，透過訓練，已經深鑄情勢察覺的技能，現在有如我的第二本能。在我有意識的思考情勢察覺後，我發現我能夠掌握我的周遭環境，讓我頗為放心。我建議你也應該學習這些重要技能。

一、情勢察覺

　　以一般人能理解的話來說，情勢察覺就是了解周遭動靜的能力，它結合了觀察和洞見。下面將讓你學會經驗豐富的追蹤者的技能，但是你將把它們運用在現代都市環境，而非窮鄉僻壤的荒野之地。

　　這個技能分兩個層次。首先是學習觀察任何時間周遭的情況，也就是一般性的了解你的周遭環境。其次是

利用你的觀察，調整你的行為；辨識周遭環境的細微變化，可以讓你調整自身對威脅的警覺。

我們的目標是創造新的思維方式，讓你在日常生活中保持警覺，但又可以放輕鬆。這不是要讓你對未來前景心生畏懼，而是要讓你能安心過日子。

情勢察覺會讓你萬一碰上恐怖攻擊時已經取得先機，了解周遭環境也會在預想不到的情況下強化你的生活能力。你會發現掌握周遭環境增加你日常生活的活力。說來並沒有什麼奇怪的，我們的老祖先以狩獵維生，必須保持高度警覺才能在充滿敵意環境中活動。他們注意變化，能處理危險，而且非這麼做不可。同樣的道理也適用於今天——只是威脅的性質已經改變。我們的祖先要小心提防大熊、巨獅等大型掠奪動物。而今天，我們要提防搶匪及恐怖分子。

我們先談觀察環境的方法。你或許聽過軍事術語「注意你的六點鐘方向」，這句術語來自第二次世界大戰時期的空軍飛行員，他們以時鐘比擬他們周圍的天空：十二點鐘位置意即正前方，六點鐘就是背後，指的就是視線不能及的死角。「注意六點鐘位置」意即注意你的背後，這個觀念導致許多戰場專家出於本能尋找背對牆的座位；出於習慣，他們在酒吧或餐廳通常選擇眼睛能觀照入口的位置。

能夠看到人們進進出出以及評估他們的一舉一動會讓人放心,而且弔詭的是,你反而因此會放輕鬆。你將建立一個可以讓自己安心的觀察平台,同時絕不完全放鬆警戒。

此外還有一個很重要的視線原則——這個原則攸關重大,你可以運用來對付槍手。那就是「十點鐘到兩點鐘」的位置。人類進化成為獵食者,也就是說我們和其他多數獵食者有兩個共同點:犬齒和向前看的眼睛。

向前看的眼睛是用來專注在我們前面奔逃的獵物。因此,大部分動物的眼睛可以看到它們視線「時鐘」相當大的範圍,這種視域有助於它們提早警覺到掠奪者存在。但是我們沒有這種眼睛,我們只能清楚看到「十點鐘到兩點鐘」的範圍。

所以要特別注意槍手的十二點鐘位置,那是他視線直接看得到的位置。你最好在他十點鐘或兩點鐘視線位置之外,在這個範圍內,他的視線只剩餘光甚至是零,視線餘光只能偵知到最低度的動作和顏色,槍手要注意基本上視線模糊的部分,就必須轉動他的頭。想射擊新目標,他必須調整身體,或者是看不清楚就朝模糊部分開槍;但不論是哪一種情況,他會有一瞬間慢下來,或有一、兩英尺不夠精確。

槍手能掌握的就是他的十二點鐘視線附近,脫出十

點鐘或兩點鐘位置就不行了。他在這個範圍內觀察和鎖定不動或奔逃的人群之目標，因此，你必須低下身體，迅速逃離他的「十點鐘到兩點鐘」範圍。這是你在第一時間也是要持續嘗試的優先原則。

「十點鐘到兩點鐘」原則是逃跑和躲避的關鍵。你稍後也會知道，它還是攻擊槍手時的重要原則。

千萬記住「十點鐘到兩點鐘」原則，它可以救你一命。

我絕對不是在建議你要過保護總統的祕密勤務人員的生活。你不需要天天過著腦袋像砲塔不時轉動、搜尋潛在敵人的日子。透過墨鏡窺探行人，彷彿他們自己才是潛在威脅，這樣一點都幫不上忙。你所需要的心理狀態是放輕鬆的警覺，既讓你輕鬆自如過日子，但永遠又比別人領先一步，因為你能察覺到正在醞釀的威脅。

不需要一直過度刺激自己，搞得你神經兮兮，過度警戒會有反效果。這樣會模糊心智，害你覺得鬼影幢幢，所見皆是威脅，反而錯失最需要注意的——真實的威脅。

你先要了解周遭環境。不知道有哪一條替代小徑能讓你平安下山就去登山，那叫做愚蠢。所以要熟悉本地的購物中心，你最常出入的主要街道、酒吧、餐廳和電影院。

你可能以為對這些地方已經夠熟悉了，但是我敢保證，一旦危機出現，你會發現對緊急出口和替代路徑的了解少得可憐。請你再次仔細觀察這些地方，記得要以分析的眼光注意它們。先搞清楚所有的出口，以及所有的小街和巷道，用不同的眼光去觀察這些地方。注意緊急出口，以及它們通往哪裡，也要注意商店和餐廳通往卸貨區的門口、通往店外後勤門口的清潔工人櫥櫃或廚房。

尤其特別要注意和熟悉清潔工人儲藏室和餐廳廚房。這有很重要的理由，我將在第四章說明。

要知道城市地貌分成兩大部分：一是公共廣場，二是工作人員所在的服務設施，了解公共空間和閒人勿進地區之間的分界，可能是在危機中生存的關鍵。這也是為什麼不幸發生危機時，你不必擔心迅速穿過一家商店「限員工出入」的門去找後面的卸貨區。如果發生槍擊事件，你必須毫不遲疑利用這些限制地區逃避及閃躲。你為什麼要遲疑呢？

你可以在自己的地盤，或甚至以有趣的方式動員夥伴或子女練習這些技能。你不必告訴子女這樣的練習饒富深意，但是這會有助於他們發展出良好的觀察技能，一旦出事會增強他們的生存能力——在你們前往大街或本地購物中心之前，先告訴他們要來玩一種「我用小眼

睛當間諜」的遊戲。你和他們約定挑戰目標是，記住所有的緊急出口、保全人員、滅火器等位置。

回家之前問他們，明白了吧？你熟悉了環境。大家都覺得好玩，小孩喜歡接受挑戰，而且還增進知識和觀察技能。你在教導他們注意周遭環境，這是增強存活機會的重要技能。

當你離開家鄰近地區的熟悉環境時，試圖迅速偵察你所處的任何新環境。先學會掃描所有的新街景，找出替代用的脫離路線。軍事人員、治安人員和經驗老道的媒體記者這一類專業人員，經常本能的、下意識的評估周遭環境，歹徒和恐怖分子也是如此。你更要習慣也這麼做。

發展你的情勢察覺技能中很重要的一點就是，用挑剔、批判的眼光觀察你去拜訪而又不熟悉的地方。當你到了新環境時，用相同的觀察方法盡可能快速、大量吸收信息。這種強化的觀察技能將幫你在碰上攻擊事件時做出審慎的決定——而且會讓你很快速做出決定。觀察可以幫你取得優勢，屆時就像沙場老將，它會成為你的第二本能。我確信你會因此放鬆心情。

你發展出觀察的技能，知道注意地理環境和注意六點鐘位置的技能，但是還有許多應該學習的其他技能，你必須學習調整不同的觀察方法，以及注意潛在的危險

跡象。在此意味著要配置你從觀察所得到的知識，創造一個常態，這是一切就緒、一切正常的狀態，不論你在哪裡，腦子裡有周遭環境常態的模式。當不一致或不規則的跡象出現時——有些可疑或不尋常的跡象時，就必須準備做出回應。

當然，何謂「常態」視環境而有不同。在佛羅里達州奧蘭多脈動夜總會的常態標準就是——嘈雜的音樂、尖叫和笑聲鬧成一團；在巴黎《查理週刊》辦公室的基本行為就是相當沉靜、平和的氣氛。觀察並記下你認為的任何環境之正常狀況，準備好若有變化就要有所調整和反應。

這是在要求你腦子裡先有一個計畫，即保護你安全的策略。結合這一部分以及你將在本章後半部學習到動態風險評估的建議，你就能夠訂出超快的「行動」策略。

軍事術語把潛在威脅隱現的跡象稱為「作戰指標」（Combat Indicators），它們包括你周遭人物的舉止和行為。你很可能會發現，就在你旁邊，有人即將發動槍擊事件。發現此跡象可以進一步事先防阻，提升你內在的威脅警戒水平到你懷疑自己的水平，這可能導致你採取反制威脅的行動——帶著你或你心愛的人遠離是非之地，或是直接挑戰嫌疑者。

偏離常態的行為跡象最重要的就是身體語言，包括

恐怖分子在內，我們每個人都會有意識或無意識的表現身體語言。當一個人腦子裡盤算著要發動攻擊時，他身上的化學反應會改變他們的姿勢——不論他們願意與否。悶燒的腎上腺素可能造成歹徒無心的動作或姿勢，這是他體內的化學變化，要讓他覺得比別人強大、更有主宰力、更能恫嚇別人。這種行為可能引起你的注意，你會觀察到它，接下來便調整你的威脅認知，開始規畫、回應可能出現的任何侵略行為。

同樣的，一個人表現出情緒激動、手忙腳亂和神情緊張，也可能引起你注意。他或她可能只是因為即將見牙醫而緊張，但是他們也有可能正身懷武器。注意觀察他們的行為，納入考量，調整你的威脅評估，預備好針對此一不尋常行為有所激升時可以做出反應。

通常，預備幹壞事的人也會做出前面我建議你記得的動作——掃描周遭環境，在房間裡或街景中選擇背對牆壁、能夠眼觀四方的位置，他們也會檢查自己的六點鐘位置。

觀察他的行為，調整你的威脅水平評估，如果他有進一步不尋常、不正常的行為，準備好你的行動。觀察情勢時要注意，是否有人在大家都十分緊張時，他卻明顯太輕鬆；例如附近發生爆炸，人人驚慌失措，有人卻泰然自若，他有可能就是共犯。

他可能因為預知有爆炸而不驚慌。考量到這一點，在這種情勢下你必須立刻有所動作。有必要時將他摔倒，也可以之後再處理。事實上，這項特質讓警方從波士頓馬拉松大賽爆炸案現場群眾影片中，迅速辨認出凶手。因為他們的神情一點都不驚訝。

我在特戰部隊的防恐訓練課程中學到的第一個作戰指標是雙手。軍事人員和維安人員都很清楚，雙手可以洩露天機。如果某人不斷拍打或透過衣服觸摸身體的某部分，表示他們可能有什麼東西藏起來，當然他們也有可能完全無辜，只是要確定剛贏了樂透大獎的彩券還在身上。或許他們的確實藏了某些不正當的東西，例如是一包毒品，但我們關心的是他有沒有身懷武器。再說一遍，考量各種可能性，調整、注意這個人。如此一來可能救人性命。

當槍擊事件發生時，你將處於一種情勢：你的大腦將被迫在電光石火一瞬間處理大量信息。本章接下來要談的部分，就是要幫助你處理資訊可能超載的問題。評估所有的信息，篩選出和生死存亡有關的信息，專業術語稱之為「動態風險評估」。

二、動態風險評估

對於何謂動態風險評估，一般公認的定義是：「在快速變化的意外事故環境中，辨識危險，評估風險，採取行動消除或降低風險，偵察和檢討風險，是一段持續不間斷的過程。」

簡單說，我們每天都下意識的執行動態風險評估來保護自己，這是大家全都熟悉的本能。以日常生活來看，動態風險評估有一個最明顯的實例，就是走人行道過馬路。你在過馬路前會檢查左右兩方是否有來車——如果你想活命的話，這是最基本的功課。

你這麼做就是在執行風險評估，你可能還在孩提時就被教導要做這項簡單的安全檢查。

你已經有了基本概念，現在只是把它放大到一系列狀況下，比如上梯子或跳到河裡游泳。你會先衡量及評估建築物的高度，以及哪裡是靠梯子的安全地方，然後才決定去爬梯子。河流有多寬？水有多深？是否清澈？這些都要評估一下。在你縱身一跳之前，最好看清楚水流多快——譬如，順流而下的樹枝流得有多快？

在投身有風險的情況之前，有太多因素必須考量。

當然這些因素視情況不同以及涉及的威脅不同而異；在日常生活裡，你會有時間考量你的評估，再做出決定。但當事情以一秒或以一瞬間在加速進行時，評估的過程就變得十分動態。譬如，梯子不穩要倒了，或是你掉入水中，就是一瞬間的事情。

你的感官會持續評估再評估情勢，視覺和聽覺特別會提供信息給大腦，以便你做出理性和成功的決定。這個決定可能穩定情勢，使你不陷入受傷害的境地。換句話說，你會進入生存模式。這正是你陷身槍擊事件時會發生的狀況，這時候是危險撲到你身上，你對此無從選擇，而且你能評估的時間受到致命的壓縮。你被一個高度暴力事件的水流沖走，非常容易做出錯誤的判斷。

然而，你還是有可能在混亂中釐清情勢，完全有可能就你的情勢極端快速的做出某些基本評估。

請記住，槍擊事件本質上是作戰情勢，而在軍事世界，動態風險評估的技能另有不同的詞語描述它們。它們是書面的戰術指示，在美國稱為「戰鬥估計」（Combat Estimates）。在加拿大和英國稱為「戰場了解」（Battlefield Appreciation）。

重點是你要問自己一套由五角大廈作戰專家仔細評估及設計出來的標準問卷，它們被設計用於戰鬥熾烈狀

況下；它們經過千錘百煉，是已經成為定律的檢查清單，士兵被訓練來在進入快速演變的作戰時要用的東西，你也可以使用某些十分相似的東西。

基本上，這份檢查清單讓士兵的腦子可以稍微放慢，能夠理智評估情勢，讓士兵可以決定最少風險、最有可能成功的行動路線。軍用檢查清單上的某些項目列為機密。然而，有些項目我簡化為單純的文字，方便不熟悉軍用術語的讀者。

士兵在評估風險時會思索這些重要元素。他或她會考量作戰現場的性質、敵軍的人數和分布，以及友軍的人數和位置。你可以把這些轉換到你周遭的狀況，不論它是購物中心、交通運輸中心、城市街道、辦公樓街廓或是夜總會。有多少槍手？你能確認他們的位置嗎？現場有任何警員或其他友軍嗎？如果沒有，會有哪個人會和你一起行動嗎？

經過這樣檢查之後，你可以再問自己兩個重要問題：是誰？為什麼？

它們很重要，因為答案會攸關你的生存。然後再對你思索迄今、推論出來的想法，提出一個最後、最重要的問題「如果......會怎樣？」（What if）？

如果你的結論是，槍手是搶劫的劫匪，你或許可以

合理認為他們不會殺你,除非你企圖壞他好事,所以你的上策是逃離現場。如果你體認到你陷身恐怖事件,而你也認定某個槍手有意盡可能殺害最多人,那要怎麼辦?

先思索我已舉出的各種情節和劇本,運用我在第一章所介紹的技巧冷靜下來。就和碰上搶劫一樣,你要找出最好的脫身之路。但是在這種情況下,另一個「如果......會怎樣?」會指導你。

如果恐怖分子在逃生出口設下陷阱,會是什麼狀況?能注意這個可能性,你的脫逃計畫就會更小心、更符合戰術需求。這代表你必須不亂跑,忖度你的逃生之路,才能注意到前面的狀況,以及敵人從背後追上來的危險。

如果不可能逃跑,你就要採用下一章提供的資訊——躲起來找掩護。然後再嘗試組織想法相同的人來阻礙槍手的行動,以及盡可能攻擊槍手。這個策略將在第四章和第五章討論,該章將敘述可以阻礙槍手進展的合理、簡單方法,然後再分析如何攻擊槍手。

你要清楚,槍手和炸彈客他們也會進行風險評估。不過,在他們的世界裡是要進行負面評估。在許多個案中,他們已把自己的死亡納入計算。他們所關切的

風險是和「沒辦法殺害許多人」相關的風險。他們評估的是他們是否活得夠久，才可以把彈藥通通打到受害者身上。他們最忌諱的是，能造成最大傷害的目標已先遭到破壞。

掌握住這一點，在你要針對自己的情勢進行重大評估時會有幫助。它會幫助你判斷，如果試圖破壞槍手的濫殺會是什麼狀況？我將在第四章說明你為什麼要這麼做，以及如何做。

因此，如果你已經遵循我的建議，應該掃描過周遭環境，找出替代路線，帶著自己及一些人脫離危險。

在戰場上槍聲大作時，許多軍事人員發現運用「戰鬥估計」可以產生鎮靜作用。大腦和身體會隨著檢查情勢的明顯事實和可行選擇的過程做出反應。

請記住，在觀察和風險評估會起很大的效用。針對變動不居的風險評估進行觀察和調整，代表你可以把命運掌握在自己手中。

本章重點摘要

⚠ 「情勢察覺」就是了解周遭動靜的能力——要掌握你的周遭環境。

⚠ 要成功做到情勢察覺，你應該切實掌握你所身處的環境。因此，請稍微再用心了解你經常出入。流連的地方。對於新地方，同樣運用觀察、分析。如此一來會很驚訝的發現，情勢察覺能改善你的日常生活方式。檢查你的六點鐘位置。到任何地方都要選擇能觀照全場的位置。

⚠ 學會「十點鐘到兩點鐘」原則。

⚠ 注意他人的身體語言，以及可能有暴力意圖者的各種跡象。

⚠ 要有警覺心，隨時準備行動。

⚠ 「動態風險評估」可滾動式、隨時評估你的情勢。它需要把你的精神警覺和軀體行動結合的心態。

⚠ 何人、何事、何地、何時和為何？

上述是你必須不斷評估、再評估的「動態風險評估」。持續把你得到的答案與最核心的問題——「如果 …… 會怎樣？」做對比。

「如果 …… 會怎樣？」允許你在快速變動的情勢下能依據概率做出理性決定。

第三章

逃跑或是躲避

找尋掩護的技巧

> 本章在討論槍擊事件中躲避及逃跑的重要問題，包括殘障人士、老人及嬰幼的逃跑方式。也要建議你如何危機領導及與官方溝通的技巧。

就統計數字來說，槍手發動攻擊時，你非常有可能身處於忙碌、擁擠的地點。它可能是購物中心、電影院、交通中心（如機場）或辦公室，可能是人們大量聚集的任何地方。以官方術語來講，這些地點叫做「群眾聚集地點」（Place of Mass Gathering, PMG）；它們還有另一個名字：「目標豐富環境」（Target–Rich Environment），這更能生動說明為何群眾聚集地點是恐怖分子的首選目標。

除了少許例外。已開發國家的群眾聚集地點應該要有處理任何緊急狀況的危機管理策略，不論是發生大火、地震或恐怖攻擊，主事者需要有個應變計畫。以恐怖攻擊而言，所有的政府機關和教育機構已經經過專家的風險評估，也仔細擬訂策略。其中關鍵的管理人員和員工已經受過各種角色訓練，如關閉和疏散程序。在大多數情況下，商業設施的所有人會雇請安全顧問採取相同的程序，擬訂合理、縝密的所謂「關閉計畫」（Lockdown Plan）等緊急作業規定。

然而，我們對這些事先想定的公式沒有太大信心，

因為幾乎所有的理性在炸彈爆炸或槍手掃射之際就全部飛了。因此衷心希望你曾經牢牢記住及練習前一章所介紹的「情勢察覺」技巧。如果是的話，你可能已經預期會有恐怖事件正在醞釀而往安全地帶移動。你會像日常生活一樣，本能的運用你對環境的知識，比方和孩子們玩的那些間諜遊戲可以派上用場。

我在第一章討論過控制恐懼的技巧，它們將會幫助你保持鎮靜和集中注意力，上一章所介紹的「動態風險評估」策略也會啟動，它們將會幫你度過一段時間，恐攻事件彷彿慢動作其實是電光石火間的飛速進展，你會需要這些技巧穿越一段非常致命的現象——「戰爭之霧」（the fog of war）。這個名詞源自戰場上火藥所引起的煙霧，聽起來似乎過份強烈，但是我從來沒聽過還有更好的方法來形容發生武裝暴力之後的那種混亂。

絕大多數槍擊事件最多持續十五分鐘，平均是八分鐘左右，但是混亂會持續相當長久，因為還涉及到事後會出現傷者需要急救。你要預期只有自己照顧自己，而且有相當長一段時間官方不會派人來援救你。每個轄區或主管單位會有不同策略，但是通常治安機關在宣布已經處理槍手之前，不會允許急救人員進入現場。

因為救援行動要取決於官方單位的態度、技能和作業指令，別期待一個小時之內——甚至還會等上更久的

時間——才出現急救人員，你必須先自保。我將在第八章教你如何運用戰場急救技巧幫助傷者，以待救援人員抵達。這是很重要的一章。針對傷患的第一反應急救，是大多數人能幫盡可能最大多數受害者的最佳方法。

某些聖戰事件——典型會涉及到一個以上的槍手——在治安單位趕到現場時會發展為相當長的交戰。這種情況曾經發生過，尤其是在旅館或購物中心，因為恐怖分子可能「部分劫持人質」做為人肉盾牌，他們這樣做是要刻意延伸恐怖事件的時間。

我用「部分劫持人質」這個字，是因為恐怖分子不是要利用人質拉長談判、討價還價。他們的目標是要殺害還在排隊的受害者。一旦人質成為戰術累贅，或是槍手相信他即將被制伏，就會處決人質。

所以第一優先是避免和殺手接觸——最明顯的解決方法是找到一條路脫離現場，遠離危險。第二優先是為混亂帶進某些秩序，至少集合少許逃離槍手的人臨時組成一支自衛隊。

我很快就會討論這些優先動作。但是我先要提醒你，萬一不幸遇上狀況、陷入恐怖攻擊事件，情勢察覺會有極大的好處。

一、運用你的觀察技能

軍事上有句名言：「花在偵察上的時間很少會浪費。」這是很好的建議。請記住它，要熟悉你經常去的群眾聚集地點。請聽我的忠告，重新觀察你常去的購物中心、上下班或上下學通勤的運輸中心、旅館、電影院和酒吧。我在前一章已經講過這些，但是請相信我，不是要嘮叨，是因為它們非常、非常、非常重要，才要再三強調。

了解一個地點的公共空間和商業基礎設施之間分界，可能是從槍擊事件存活的關鍵。我希望你能記住緊急出口位置，以及它會把你帶到什麼地方。先找到會把你帶到卸貨區的門，記住它可以通到外頭清潔人員的儲物室或廚房。它們可能是你的逃生路線，在你被迫採取行動保護自己和深愛的人之時提供重要資源。

當槍擊事件發生時，立刻找到逃脫路線，迅速離開槍擊現場。有意識的拿起任何可能派上用場當武器或阻擋槍手的東西。我將在第四章詳細說明應該找什麼東西，以及如何運用它們。

還有請記住「十點鐘到兩點鐘位置」原則，離開火線。

如有機會，盡快撥打緊急電話報警，讓他們對事件有初步了解。但是不論你做什麼，繼續行動，盡快離開威脅。

找到脫險之路可能沒有這麼簡單。問題在於你不會是唯一一個想要逃生的人；人人都要衝到出口。明顯的逃生之路很快就會擠滿驚嚇、慌張的人群。槍手會利用他的武器搶居這個區域掠奪鏈的上端，他想要超越我們，他要隨心所欲幹掉許多受害者。

我們人類演進成為掠奪者，不是群居動物，所以我們有了向前看的眼睛，如果在慌亂中聚集在一起，其實就人類而言是非常不妙的情況。我們沒有被教導去踐踏其他人，因此，你要避免成為眾人之一。

你可以嘗試至少影響部分擠成一團的民眾走另一條更積極正面的路線，或許能把一群驚怕的人組成一個小團體，或許能把某些人組成一股反抗力量。

二、領導，跟從或不要擋路

讀完本書後，你可能會覺得有足夠的知識和信心領導眾人，最大化他們的生存機會。如果你認為如此，就向周圍的人清晰、大聲的喊出命令。

如果你是退役軍人或是有作戰經驗的現役軍人，要讓大家知道。雖然或許很明顯，但是並不常發生軍人和民眾一起陷入危險的情境。因此，要大聲說出來，集合起眾人。這也可能使他們稍微安心。

當你決定扛起領導角色時，最好第一步是幫助眾人不再慌張，講出你對情勢的動態風險評估。當然，這得看你周圍的環境是什麼而定。當你說話時，用手向你說話的對象清楚指出危險和逃跑的方向。

情形或許會如此：

「有一個槍手。他在那個方向（指出來）。他朝我們過來。門在這個方向（清楚指出來），可以通往停車場。」

如果你對一條不明顯的路有把握，只要喊出：「跟我來！」

在場可能有嚇壞了的孩童，因此你可能需要清楚命

令某人:「帶著小孩朝這個方向走!」

　　視情況發展而定,這一類指令會有不同。請記住,你是在下達命令,如果你很權威的下達命令,眾人會有正面反應。他們會像鐵奔向磁、跟隨著你,那些做出回應的人是有意志想扭轉似乎一面倒、大禍臨頭的人。你們將勇敢的行動——不問自己的命運如何。

　　同理,你可能覺得某人——或許是有過作戰經驗的退役軍人——可以追隨,那就跟隨他。千萬記住一個重要原則:領導,跟從,否則就不要擋路。

　　這時候其他角色也可能會出現。在受困的眾人當中可能會有大嘴巴或自命萬事通的人。我們的社區和工作職場常有這種人。如果你覺得這種人的無知在誤導大家,別浪費時間跟他們爭辯。繼續行動,遵循你的直覺,利用你從本書學到的知識。請記住,事情是以電光石火的速度在進展。槍聲逼近、混亂、尖叫,在你的周邊視界有些動作正在發生,一切會像超現實一樣展開。

　　只有相當少的人有近乎神奇的方法掌握時間。譬如偉大的男女運動員和一流的戰士。請注意你以為事情緩慢展開,其實是在極其快速變動的時間框架內發生。

　　攻擊發生後，某段時間你可能需要保持靜默，以避免吸引槍手的注意。請和你心愛的人練習這些手語，以便在緊急事故發生時可以溝通：

　　舉起手指，顯示有幾個槍手。譬如，可能是一人、兩人或三人。

　　要指出槍手活動的方向，先以大拇指向下，然後手掌打開、五指併攏，指出方向。

　　如果你為某人安全著想，要他過來你的藏身之處，以一隻手放到你頭頂上。這代表「請到我這裡來。」

　　如果你要他們趕快過來，握拳、上下搗動，這代表「快點過來／跑呀！」

　　手指擺在唇上，表示「安靜！」

　　手掌打開，擺在耳旁，表示「注意聽！」

　　以你的手放在臉上，手指打開，看著某個方向，表示在那個方向隨時即將發生伏襲或攻擊。掩護好，準備攻擊。

> 這些手語在緊急事故發生時會是無價之寶，請多加練習。衷心希望你心愛的人不需要用到它們，但是要確保他們了解這些訊號，屆時才不會不知所措。

千萬別以為你到了一棟建築物的緊急出口就沒事了。槍手可能不只一人，他們在攻擊前，可能已經勘查過目標。

這種情形在巴黎巴塔克蘭攻擊事件中發生過。一名槍手守在夜總會緊急出口外的巷子，大夥人衝往「安全地帶」、跨出出口時，槍手開始大開殺戒。

治安單位也可能無法預料現場的情況。澳洲曾有警察把犯罪現場團團包圍後，槍手自戕，可是現場的警察在混亂中開槍殺了兩名人質。在巴黎也曾發生同樣的事。別和其他人聚集在開放空間，避開被治安當局指定為疏散點的地方，以防開火——除非治安單位指示你這麼做。

這些地區可能成為殺戮現場，請尋找替代出口、緊急逃生門或窗。當你逃跑時，千萬記得擋住往殺戮現場方向跑的人，他們可能不清楚狀況往絕境衝上去。

如果我是你，在還未被圍住時，我不會自動加入大

夥兒。我反而會反直覺而行，離開驚慌的群眾以及槍手。我會找比較不明顯、比較不擁擠的路線脫離火線。如果我找不到，我會找地方躲。躲起來是備案，如果你評估狀況後認為逃離現場不可行的話。

三、掩護的種類

基本上，掩護可分為兩種，一種是軟性掩護，另一種是硬性掩護。有些人把它們分別稱為隱匿（concealment）和掩護（cover）。

軟性掩護是找到一種物體，擋住你不被別人看到，但是它沒有足夠力量保護你不被子彈打傷或打死。窗戶的落地窗簾可以隱藏你，但是它絕對不能保護你。它的確不理想，但是請記住：不在視線裡，就不在腦子裡。硬性掩護則可以把你隱藏在視線外，它的材料夠強，可以保護你不被子彈打傷。

現在，我要解釋「死角」的概念，幫助你更了解什麼叫做掩護。作戰中的士兵很熟悉死角的概念，他們在敵人砲火下利用死角決定生死，死角其實是角度的問題。我姑且舉個例子：在一次激戰中，我遭到重機槍火力攻擊好幾個小時，卻相當安全。我甚至可以在視線內躲開直接火線的路徑上移動。

致命的零點五〇口徑子彈在我頭頂上幾英尺位置飛過，我卻吃著戰地口糧。事實上，我的數十位同志也是如此，他們還能活得好好的說故事。我們能在如此敵意深重的環境生存，是因為我們找到死角掩護。敵軍的機關槍手根本沒辦法抬高或壓低槍管的角度來殺我們。如果他們要從他們仔細布防的陣地移動，藉此調整機槍角度，反而可能被我方幹掉。

當你處於被槍手攻擊的情勢，也可以利用死角產生很好的防禦效果。利用附近的建築結構占地理優勢，磚牆、樓梯或鐵樑可以掩護你，讓你居於死角的優勢，脫離火線之外。你可以利用他若不花時間移動就無法克服的角度打敗槍手。如果他有好幾個容易命中的目標，沒有任何掩護就站在他眼前，他幹嘛要離開他的位置開槍打你呢？聰明的運用掩護可以使你成為難對付的目標。對於有意造成最大殺戮成績的槍手而言，既然已經有容易瞄準的目標在附近，就不值得費工夫來殺你。

來自官方的許多忠告建議民眾，遇到狀況時找個房間，從內反鎖，躲在房裡找掩護。它們說，遠離房門，保持靜默，關掉手機聲響；留在房裡，直到救援人員告訴你可以自由行動，或是因為槍手的威脅靠近了，你被迫必須移動。

然而，我不盡然同意這個策略。我不會建議你留在

只有一個進口或出口的房間，除非這是你的最後一條路或你已經被困住了。一旦進入房間，你沒有選擇，只能等，等到你被救、或是殺手找到你。然而，如果你陷入這個情勢，還是有辦法保護自己——我將在第四章討論它們。

要不斷尋找新的掩護：牆壁、樓梯、廊柱。磚質和鐵質是最好的硬性掩護。如果只是薄木板，它只能勉強遲緩子彈。不過，多層的木頭、木樑和強化的木結構還是可以彈開子彈。

從一個掩護移動到另一個掩護，利用死角原理。身形要低，動作要快。

四、身形要低！動作要快！　　離開槍手的十點鐘至兩點鐘位置！

如果你找到一個房間要躲進去，先從門外檢查一下。看看它是否還有別的出口，是門或窗都好。但是如果你位於高樓層，通往外頭的窗子就沒什麼效用。檢查看看門是否可以從裡面鎖上，看看它是否夠厚、夠堅牢？看看裡頭是否有家具可以用來當阻擋的工具。在辦公室或教室裡，檔案櫃若裝滿文件檔案，會有很好的掩護效果；如果是空的檔案櫃，子彈會打穿它。

如果你覺得房間合乎以上要求，或許可以評斷它是安全的。如果不然，趕快繼續移動，迅速做決定，內心一直掙扎房間合不合適並沒有幫助。如果你稍一檢查，沒有把握，就趕緊移動。

記住：身形要低、動作要快。

如果事件發生在室外，停放的車輛可以用作掩護。不過，別拿電影上看到的那一套當真，別以為標準汽車薄薄的金屬板可以保護你安全。高速子彈可以打穿民用汽車的薄金屬車身，就像打穿牛油一樣——這一頭進，那一頭出。

汽車的引擎部位會是不錯的掩護，可以擋住子彈。蹲伏在汽車輪弧後，最好是汽車前半部的輪弧，因為比起其他部位，子彈必須穿過比較多層的材料才能打到你。

要有準備，一旦你發覺槍手突破角度，你不再有死角保護，就要立刻移動。

子彈是直線進行的，因此你移動時要離開火線的角度。

你可以運用「十點鐘到兩點鐘位置」的原則達成這一點。遠離槍手的「十點鐘到兩點鐘位置」——遠離他明白專注的視線，躲進他的視界的周邊，然後脫離視線。

街上有石牆或磚牆，街角則提供死角，垃圾箱是最理想的掩護。事實上，街上有數不盡各式各樣的建築物和城市設施。利用它們，在必要時由某掩護移動到另一個掩護。但是，請記住：身形要低、動作要快。

若是事件發生在假日的海灘，請試圖逃離槍火，但是移動時需要一個角度，它可以把你帶到有保護作用的掩護處。所謂的掩護處包括沙丘、岩塊，或是有類似廊柱等東西可以掩藏你身形的步道。軍隊為什麼用沙袋做掩護是有它的道理的，一英尺的沙可以卸掉子彈的推進力，所已注意海灘上是否有凹槽或洞穴可以藏身。

如果是我，我會避免游泳逃生。我至少知道有兩件發生在海灘的恐怖事件，槍手以自動步槍掃射企圖游泳逃生的人。然而，要看你的情況，可能因此會有不同的決定。你可能評估槍手已經離開水邊，或許就該選擇游泳逃生。如果你沒被槍手看到，又能接近水邊，游泳逃生就不見得不好。

許多人藉裝死，讓槍手不再需要注意他，而保住性命。通常裝死的人可能已經受傷，因此跌倒在地是真的。其他人可能沒受傷，但是在火網下，他們必須跌倒、裝死。一旦你倒地裝死，只有堅持裝到底。我要建議你，「死」要死得像真的，別太戲劇化的仆倒。

如果有可能，跌要跌出槍手視線之外，跌進掩護。如果你要倒在某人附近，別跌在雖受了傷但還有意識、不斷哀號的人旁邊。槍手可能回頭一槍把他斃了——連你也一起補顆子彈。

如果你旁邊有鮮血，小心把一些血沾到你衣服或臉上。這聽起來有點過分，對死者也不敬，但這事攸關你的性命。我相信受害者不會介意捐些血，讓別人可能存活下去。

五、幫助別人

所有的政府建築物：大學、學校、醫院，和開放給民眾出入的許多民間大樓，都設有輪椅通道。如果找得到輪椅，你可以用它來幫助別人逃跑，特別是他們跑不動的話——譬如孩童、耆老、傷者或殘障人士。同樣的掩護原則也適用，迅速向槍聲的反方向移動，如有必要就要尋找掩護。腎上腺素對你會有幫助，一旦你鼓起動力，你可以——也將——能夠跟上大家逃難。

年紀比較大的孩童會被嚇壞，需要盡可能使他們鎮靜下來。你或許會想把小嬰兒藏在櫥櫃，但我要強烈建議你不要這麼做。請把小孩帶在身邊，如果槍手靠近你，或許必須用你自己當活誘餌以保護子女。這是一瞬間的決定。

　　衰弱、體重輕的人容易扛。所謂「救火員扛法」是把人扛在肩上；或是揹在背上，都是有效的方法。但是如果碰到沒有意願、不肯走的人，就讓他們留在原地。這是不幸的現實，為了給你自己任何機會，你必須如此。

　　使用你的手機。在不危及你個人安全下，盡可能提供最多消息給治安單位。這也表示不要從隱匿處突然跑出來當警方的前哨。這樣做太危險。

　　警方可能已經知道武裝攻擊正在進行；這時候緊急專線的接線生可能會問你一些他們還沒有答案的問題。一般而言，他們會問你姓名，也要知道確切位置。他們會想知道現場有幾個槍手；如果你見到他們，他們的相貌特徵是什麼？ 他們會想知道槍手用什麼武器？如果你不知道，別浪費時間描述槍手是什麼樣的人，只說你知道的就好。手槍或長槍？槍彈爆炸聲是長或短促？這些細節對於趕到現場的警察或特戰部隊會非常有價值。

　　如果你神智清醒，告訴警方事件的發展趨勢。估計傷亡人數也會有助於警方的部署。

　　在逃跑過程中，要保持移動，更要隨時注意掩護。如果發現好的掩護，休息一下，喘口氣。但是要準備好立刻移動。

　　警方可能會要求你留在線上不要掛斷電話，但你必須判斷這是否會危及你的安全。

　　請記住，觀察和風險評估會起很大的效用。針對隨時變動的風險評估進行調整，這代表你可以把命運掌握在自己手中。

本章重點摘要

⚠ 「情勢察覺」和「動態風險評估」會教你觀察的技能，盡可能找出最多的出口，不只是正式的緊急出口。

⚠ 軟性掩護可以隱藏你的身形，但不能保護你不被子彈打傷或打死。

⚠ 硬性掩護——鋼筋水泥、鋼鐵或很厚的木材——可以對子彈起某種程度的保護作用。

⚠ 死角是脫離槍手視線和火力角度的位置。

⚠ 當你在槍手半徑之內移動時千萬記得：身形要低、動作要快。

⚠ 記住「十點鐘到兩點鐘位置」原則，隨時隨地運用它，永遠要設法脫離槍手的視線。

⚠ 別當烏合之眾的一員。領導，跟從，否則就不要擋路！

⚠ 如果可能，要幫助孩童、老人和殘障人士。

⚠ 只有在你自身安全之下，才利用手機幫助治安單位。否則，別碰手機！

第四章

擾亂殺手節奏

打斷恐攻者計畫的方法

本章列舉打斷槍手進一步動作的方法，告訴你如何利用日常生活物品和城市設施為殺手設陷阱，也會告訴你如何阻礙他的進展，製造不確定性，讓他心理產生不安。

前面一章已經教你做好準備工作。讓我們假設你沒有辦法逃出殺戮現場——不論它是購物中心、旅館、機場或夜總會。但你已經成功利用掩護和隱藏，保障自己不被槍手傷害。我也假設你已經運用「情勢察覺」和「動態風險評估」的技能，對所處情勢有即時的評斷。

逃生之路可能因為有個槍手橫亙在你和出口之間而被擋住。你已經評估情勢並得出結論：無法脫身了。現在該怎麼辦？又是提出最基本的問題，問自己「如果......會怎樣？」的時候了。

我如果留在原地不動會怎樣？如果你認為槍手可能會追殺你，答案當然是要馬上行動，你必須離開你的位置。已經到了必須做出戰術性撤退的時候，退到射擊地帶，以便保持你和殺手之間的距離。然而，不要絕望，如果你行動果斷，你可以製造出槍手這次攻擊中最大的阻礙，大大停滯、擾亂他的活動。

軍事上所界定的阻礙理論，指的是以攻擊或障礙來

阻滯敵人攻勢的進行速度，打斷他的時間表，造成他只能以零碎的方式攻擊。

我們就是想要這麼做。你要阻滯及打斷他的殺人進度；你要使他不順利，甚至可能的話，也讓他性命產生危險。如果你單獨行動，你可以做辦得到；如果你已經召集了一小群心意相同的人，你更可以擴大效果。

請記住，槍擊事件平均時間長度不到八分鐘，而美國的槍擊事件有百分之三十七持續不到五分鐘。阻滯和障礙可以讓殺手少掉幾秒鐘時間，不管幾秒鐘都很重要，積少成多，你若能阻礙、遲滯他越久，等武裝執法人員趕到阻擋他的機率就更大。

槍手有某些目標和期望。他的目標是把眾人嚇得四處竄逃，好讓他任意殺戮。他期待成為現場占上風的掠奪者，期待在面前有清晰的射擊弧圈，可以摺倒逃竄者。他期待主宰全局，但他沒有預期的是，脫離群眾的某個人會反擊，他沒有預期到的是你的擾亂會有效到局限住他的射擊弧圈。

請記住：你並不是四散逃命的眾人中之一員！你要率先做出阻礙動作。然後，如果你別無其他選擇，請以最強烈的暴力回應，以保衛自己及其他人。

先躲避和阻擾，然後才是反擊。它們是反攻的第一要素，你應該十分積極進行阻擾動作。

一、用障礙物擋住通路

首先，往遠離槍聲的方向跑。你在行進時要一邊布置障礙物，例如推倒幾張椅子在你背後。如果經過商店、酒吧或餐廳，抓起一些瓶子，把它們打碎在地上。

接著，弄響火災警報器。雖然有些專家未必贊成這一招，他們認為躲在房間裡的人可能深怕已經起火，會跑出來，反而碰上槍手。但我不同意這個看法，我認為這些人會等候其他訊號，譬如煙霧，才會真正相信起火了。警報聲可以反而讓槍手心煩氣躁、分神，也可以使槍手幾乎無法靜聽更多受害者的行動。我個人偏向弄響火災警報器。

如果你能啟動自動滅火灑水系統，也可以啟動它。你可能需要製造熱源才能啟動自動滅火灑水系統，這時打火機可以派上用場。一旦水淋溼槍手，可以阻滯他的行動。水勢夠大的話，也可以妨礙他的視線，使他更難準確開槍。地面溼，意即會滑，槍手會因為地面有水而放慢腳步。這些效用可能都不大，但是它們仍然很重要。

攻擊事件中分秒必爭。如果你不斷削減掉槍手有效的射擊時間，縱使只是幾秒鐘，你也已經使他少殺了好

幾個人，你也阻滯了他到達你的位置或其他人位置的時間。阻滯戰術是最有效的戰術。

槍擊事件中，每一秒鐘都關係到人命的生死！

我在第三章中建議你特別注意清潔工人的儲藏室和廚房，其中有兩個理由。第一，清潔工儲藏室和廚房這兩個地方都可能放有大量肥皂和清潔劑，餐廳和廚房也可能有橄欖油和炒菜油。你可以好好利用這些不起眼的日常用品，尤其是在購物中心、夜總會、機場或劇院——任何有大理石地磚或非地毯地板的地方，這些東西會有很大的用處。

把這些東西撒在你的位置和殺手可能會跑來的方向的中間，盡可能撒在寬廣的範圍，製造出一個滑溜溜的地帶。槍手一進入這個地帶，至少會讓他感到腳底不穩，他也有可能真的滑倒。只要能讓他感覺到腳底下不安全，你的阻擾策略就達成重要目標。

這會擾亂他開槍的節奏和速度。譬如，他迅速轉身、尋找新目標的能力將大大受限。任何一個槍手只要沒有個穩定的開槍平台，都會心煩氣躁。由於換彈匣之前必須有意識的注意腳是否站穩，槍手重新裝填子彈的能力也會遲緩下來。在槍手重新裝填子彈的能力受阻時，這段空檔就是企圖攻擊他、解除他武裝的有利時

機。我在下一章將針對這點進一步說明。

　　槍手現在面臨一系列對他不利的條件：他必須躲閃隨地亂丟的椅子和腳下的碎玻璃，又得小心不要滑倒，還要提防頭頂上噴灑下來的水，更惱人的是警報聲令他分心。這些預期不到的因素將會遲滯他的時間表，意即他少了寶貴的幾秒鐘可以痛下殺手多害幾個人。所以請記住，每一分、每一秒都關係到人命生死。

　　你所布置的滑溜地帶基本上就是誘殺陷阱，如果殺手踩上它，完全控制不住而跌倒，這個陷阱就奏效了。最起碼，他又損失了一些時間，他的殺戮節奏也會嚴重受到影響。如果幸運的話，他一跌可能因此受傷；假如他扭傷了腳踝、手腕或手臂，那就更妙了；如果他撞傷了頭，更是好消息。

　　假如情勢因此逆轉，你和你周遭的人可能就有完美的機會完全逆轉情勢——攻擊槍手。

二、蒐集武器

我馬上要談搜尋清潔工人的儲藏室和廚房的第二個理由：這兩個地方都會有非常豐富、有效的武器。

清潔工人的儲藏室很可能有大量的漂白水和腐蝕性的清潔劑，用來讓槍手失明；當然掃把、銅管也可用來當棍棒。你可以投擲或潑灑腐蝕性的清潔劑攻擊槍手，燙傷他或甚至使他失明。這個動作會嚇壞他，使他頓失方向感。由於眼睛受傷，他開槍的節奏即使不能完全停止，也可能大亂。

如果有機會，直接朝槍手臉部投擲腐蝕性清潔劑。清潔工人儲藏室也可能有抹布，把抹布浸了漂白水，以突襲方式突然蒙上槍手的臉，將可嚴重影響他繼續攻擊的能力。他眼睛將會失明，皮膚會燙傷，這可能是他完蛋大吉的開端。我將在下一章詳細談論這一點以及其他攻擊策略。

你口袋裡可能已經有辣椒噴霧。許多人，尤其是女性，身懷這些自衛用品以備在街上碰到色狼攻擊時自衛。辣椒噴霧這種產品的有效範圍和效用已經通過驗證。它們朝你瞄準的方向發射時，相當準確，所以用來對付槍手時，它們是很好用的利器。如果你身上恰好有

這些自衛用品，一旦機會允許，可用來對付殺手。

如果你沒有信心朝槍手使用辣椒噴霧，而你又和別人結合一隊，請主動把它交給帶頭的領導人。如果他或她已經讀過這本書，會已經擬訂群起攻擊槍手的計畫，這時任何武器都會有幫助。

如果有機會，利用你的天生本事臨機應變運用現場的武器。如果你通權達變，絕對可以贏的。面對危急，你的頭腦會飛快思索，你會發現手邊的材料竟然會有從來沒想像過的用處。

廚房可能是尋找武器的最佳地點之一。通常廚房裡會有各式各樣的刀，有些刀會造成嚴重、致命的傷勢。和清潔工人儲藏室一樣，廚房也有腐蝕性的清潔劑，和漂白水。如果你進到廚房，蒐集你能用得上的武器。如果你是一小群人之一員，你也可以和大家協調，配備好相當數量的武器。

我再多強調幾次刀在作戰中的用處也不嫌多。即使未經過任何訓練的人，一刀在手也能造成重大傷害。請記得抓一把刀，插在腰帶上。一個破瓶子或一片碎玻璃也同樣挺有用處；許多硬質的塑膠品也有尖銳的一頭，可用來戳刺。一根棍棒也不可小覷，因此不妨抓住可用來重擊的任何東西，在機會許可時朝槍手窮盡洪荒之力

狠命敲下去。

我再說一遍，保持眼睛和頭腦清醒，靈活運用日常用品做為致命武器。又譬如，體育用品社會有球棒；五金行會有無數的致命武器，如鐮刀、扁鑽；許多五金行賣有長把手的器具，譬如叉子、長矛——這些都可用來對付槍手。

滅火器也是最有用的物件之一。它們通常布置在公眾場合醒目的位置，若是用玻璃罩著，用鞋子狠命一踹就可以踢破玻璃。通常，滅火器旁邊也會有消防水管。

滅火器通常分兩種：一種是乾式化學藥劑，一種是泡沫型。滅火器一打開，乾式化學藥劑滅火器會噴出大量雲霧，在小火擴大前就將火勢包圍、撲滅。泡沫型滅火器會噴出溼的化學泡沫。兩者都會使眼睛失明或尖痛。如果可能的話，取下滅火器，做為備用的攻擊武器。我將在下一章詳細敘述如何利用滅火器。

我在本書一開始就廣泛檢視碰上槍擊事件時受害者會面臨的問題。我不會特別關心槍手的動機，只會著重他的攻擊方法以及你要如何對付。然而，從阻礙槍手活動的脈絡討論，我認為有必要把校園槍擊事件和聖戰槍擊事件這兩種類型做個區別。

很有可能，這個偏執的槍手為了報復想像的、或實

際上社會對他的歧視，會在腦子裡反覆重演他的劇本。他可能會要事件以某種特殊方式展開，在他的夢想中品嘗他的報復。我很懷疑是否在他殺戮眾人的幻想中，曾想像到噪音、肥皂水、破玻璃等阻礙。因為沒在他的幻夢中預演過，可能會使他一時混亂。阻擾戰術對付這一類型的槍手可能比較有效。

然而，聖戰士型的槍手可能受過訓練，會更專注在他的任務上。但是，阻擾行動在任何戰場上都是破壞攻擊的主要因素，恐怖攻擊亦然。還有一點值得注意，典型的國內大屠殺的槍手以及聖戰型殺手，都有可能嗑藥吸了毒。偏執的殺手可能受到精神病冥想的影響，聖戰士往往都吸食安非他命和古柯鹼。

我們沒有必要深入分析他們的心理。只要記住，我們在這裡討論的阻擾技巧對這兩種類型的槍手都會產生重大的阻滯效果。

所以請記得：如果必要，我們可以，也能反擊。

本章重點摘要

⚠ 如果你不能逃離殺戮現場，請遠離槍手，同時盡可能製造大量的阻礙。

⚠ 阻礙的定義是，以攻擊或障礙來阻滯槍手攻勢的進行速度，打斷他的時間表。這是你的目標。

⚠ 當你從迫在眉睫的危險閃躲或撤退的同時，盡量在殺手的來路翻倒家具，打破玻璃或瓶子。也可以啟動警報器和自動灑水滅火系統。

⚠ 在槍手的行進路徑上撒橄欖油、潤滑油或液狀清潔劑及肥皂水等，製造一個滑溜地帶。在廚房、清潔工人的儲藏室、五金店等搜尋武器。你也可以尋找腐蝕性的液體。

⚠ 滅火器是突襲殺手的利器。如果有可能，找個滅火器來使用！

⚠ 請善用任何現成的自衛產品，譬如辣椒噴霧或雷射手電筒。

第五章

出奇制勝反擊

如何摺倒武裝槍手

> 這一章將要討論對抗及攻擊武裝槍手的惱人問題。
> 我會告訴你該怎麼做,以及如何組織自己和其他人
> 一起行動。我會敘述在不同場景下的不同策略,不
> 論你是困在房間裡或是在購物中心裡奔逃,撂倒槍
> 手都是有機會的。請記住:所有的選項都有可能。
> 有決心的個人或團體可以成就很多事情。

本章將提出萬一你不幸捲入恐怖事件,所面臨最嚴峻的問題——你要不要攻擊槍手?你應該在什麼時候動手攻擊?更重要的是,你應該如何攻擊一個槍手?

基於本章討論的需要,我要假設你是一般所謂的「無武裝」狀態。意思是,你並沒有獲得許可,身上沒有合法擁有的手槍。如果合法攜槍,想知道可用來對付槍手所涉及到的選項、技巧和可能陷阱,將在第七章詳細討論。

總而言之,這是一瞬間的決定。如果你有決心、有信心,你可以立即行動;如果你害怕得要命,解決方法也會本能的出現。

法律允許你施加極端力量對付槍手,直到他被制服伏或解除武裝,到這時候你就必須住手,只能壓制他。意思是在解除他武裝的過程中,你可以殺了他,但是他一旦已被解除武裝,你就不能殺害他。我相信許多律師

對此會有不同的意見，但是在發生事件的當下，你必須做你必須做的事。

對於你該採取的反應只有一個詞能解釋其性質，那就是「中古時期」。可能很多人都看過電影《英雄本色》（Braveheart）*，它描繪中古時期戰場上的極端暴力。

一、回到中古時期

如果你有機會攻擊槍手，你要用同樣凶猛的方式執行任務。準備使盡你的洪荒之力，強烈的厭惡感，猛力攻擊，才能爭取生存機會。你必須使出全身吃奶的力氣，化為有效的行動。

要攻擊頭部背後——越低越好——痛擊頭顱底部的枕骨。它可能致命，至少肯定會使槍手立刻變得衰弱。如果稍微低一點，以比較小的力道你也可能打斷他的頸椎骨——這是在頭顱下方的脊骨。如此一來最大化傷勢，有可能使他立刻癱瘓。

或者是攻擊他臉部。最好的目標是他的鼻樑或鼻子下方人中，或是咽喉。挑軟的部位，記得使出最大的勁道來讓槍手衰弱、方向不明和失明。

---

* 梅爾吉勃遜一九九五年執導兼主演的這部電影，描述蘇格蘭民族英雄威廉‧華萊士起義抵抗英格蘭暴政的故事，片中有許多血腥殺戮鏡頭。

　　接下來你要狠狠踹他的膝蓋，要使他不能走路。他跌倒後，要確定他再也站不起來。

　　傷害槍手的視力可以使他失去瞄準能力，避免造成更多傷亡。如果必要，朝他眼睛攻擊；別猶豫，你可以用熱湯或腐蝕性清潔劑燙他的眼睛。請記住，如果他壓制住你，他將會再度用眼睛把武器瞄準某些人。

　　同樣的，他的兩臂和雙手能控制武器，他需要這些肢幹來支撐以及把武器掉頭往你的方向瞄準，所以你要使出洪荒之力揍他，阻止他再度控制他的槍。他要用手指準確定位手槍，更換彈匣以及扣扳機，所以扳斷他的手指，踩他雙手；如果有刀子，砍他手指。

　　也許你沒有辦法立刻攻擊這些重要部位。假設如此，那就設法對你能打到的部位製造嚴重傷害。譬如，對鎖骨重捶可以使他短暫癱瘓。

　　許多人可能因為找不到有效的武器而很沮喪，其實你肩膀上可能就有個有用的替代物——那就是你的書包或背包。包包裡有電腦、便當盒等等，通常也有好幾磅重。拉長背帶、甩擲它。物理力量會使你的背包變成現代版的中古球鏈，它很有可能重擊槍手或甚至擊倒他，所以你可以用它來攻擊槍手。拿手提公事包朝他腦袋砸下去也是很好的一招。

　　然而，如果你手邊沒有武器重擊他，我也會說明制伏槍手的其他招數。你必須了解槍手抓緊武器的力學原理。

　　不論他使用左手或右手，他開槍的這隻手必須握住手槍或長槍，讓槍手能把武器對準他要開槍的方向，以及扣動扳機。他的另一隻手用來增加穩定度，如果是手槍，則用來支持開槍的那隻手，如果是長槍，則用來支撐長槍管。這不是像老虎箝子緊緊握住，只需要夠強大到足以控制武器。不論槍手用的是手槍或長槍，他完全無力抵禦把他武器往上扳的力道。如果你有強烈的決心和力氣，他抵擋不了的。如果你試圖向下壓他的武器，他反而抓得更緊，並且利用力學力量對付你；這一來你們可能陷入更危險的情境，必須爭奪控制武器。

　　明白這一點以後，所以如果一有機會，應該從槍手側翼攻擊他，要以最堅決的決心動手，以速度、蠻力和意外（Speed, Aggression and Surprise, SAS）對付槍手本來注意力就比較差的缺點，你會成功的。抓住武器的槍管，如果是長槍就用你的雙手抓緊它，然後使盡力氣往上扳。如果你是從他右側攻擊，就把武器強力扭向右邊。你可以用你的臀部頂他身體，他會被迫放鬆武器。

　　請記住：槍手的手指會一直附在扳機上。你以極強勁力量向上扳動、搶奪武器，他勢必需要放鬆武器，則

手指會被扳機保護夾扯斷。一旦你搶過武器，反過來對付他。朝他開火，或是以它當棍棒朝他腦袋砸下去，直到他不能動彈為止。

請記住：

● 一定以最大力量往上扳動武器。

● 往上扳的同時要扭轉武器，用你的臀部頂他的身體。

● 他將被迫鬆手，你就可以搶到武器。

● 用搶過來的武器砸他腦袋，直到他不能動彈。總而言之，回到中古時期！

如果你堅定而且完全像作戰一樣去執行，這些方法會有用。如果你在射擊場練習，以強勁力道又快又堅定的搶奪槍枝，你會發現這些技巧真的非常有效，但是要確定你的練習夥伴絕對不能把手指放進扳機保護夾。請相信我的話，手指會斷掉。

在實際的恐怖攻擊中，我們彷彿回到中古時期的凶猛，絕不留情，直到槍手被制伏為止。絕對不能半途而廢，請記住，文明社會最大的弔詭之一就是，有時候必須以極端手段對付極端主義。

當槍手不再構成危險時，停止攻擊他，綁好他，等

待軍警人員到達前確保他完全不能再拿到武器。我絕不會為他的傷勢提供急救。誰曉得，他日後可能會到法院告你呢！

一定要對槍手鐵石心腸，畢竟他已經狠下心要把眾人幹掉了。

除了堅決之外，在恐怖事件中需要的是計畫。不論是要逃或是要攻擊，你需要當下做出計畫。如果你讀過這本書，我相信它會給予你需要的能力去應付這項艱鉅任務。

事情將以極快的速度展開。你的計畫和執行很容易在還不及讀完一頁的時間內就過了——從開頭到結束，不到一分鐘。譬如，我曾經參加巡邏時遇上恐怖分子，交火僅只四分半鐘，就宰殺了好幾個暴徒。

二、群起攻擊槍手

另外一招就是猛然群起攻擊槍手，把他撂倒在地。如果有一群人，或一群潛在受害者一起衝向槍手，藉人數優勢和強力攻擊，是可以有效制伏槍手的。

這一招有效，但是也很有可能在衝刺過程中有人受傷或被殺。通常，群起攻擊是自發的，有人覺得受夠了，拚命一搏，大家蜂擁而上。曾經有一個案例是，一位七十四歲高齡退役美國陸軍上校率先動作，引起成功的衝撞攻擊。

毫無疑問，一群狂叫、憤怒的人一起攻擊他，會讓槍手慌張。他曉得他無法殺光大家，現在該輪到他害怕了。衝向他的人離他很近而且會限制住他的瞄準，擾亂他的殺戮節拍。尤其是他若使用長槍，相對於手槍，轉動弧線會比較慢。

以色列當局主張這種群攻技巧，在當地也成功派上用場。然而，我們不要忘記，以色列人民大半受過軍事訓練，許多人有前線作戰經驗。鑒於我們社會越來越多隨機恐怖攻擊事件，或許我們應該向以色列人學習。

群攻在封閉的情境下最有效，譬如夜總會或電影

院，在飛機或火車上也有效。如果槍手走過去，從他背後群攻他最有效。若是從正面攻擊他，恐怕傷亡慘重。

　　槍手無法抵抗五人、十人、十五人甚至二十人，從他背後或側面衝向他，而且全以各種或鈍或利的武器攻擊他，有人還要搶奪他的槍。有錄影證據顯示，至少在兩起夜總會恐怖攻擊事件中，有一大群人站在一名槍手背後，似乎嚇呆了，不能動彈。他們站在槍手的六點鐘位置，如果他們從背後衝向他，無疑可以絆倒槍手。

　　我們不是要責怪受害者被嚇壞、不敢動彈。沒有人會料想到他晚上出去玩竟會碰上凶神惡煞。人們一受到驚嚇就會不知所措，而且絕大多數沒受過任何訓練要怎麼撲倒某人。然而，我不禁要想，讀過這本書後，如果有人發現自己不幸處於這種情境時，或許因此得到啟發而高喊——「幹掉他！」——並且帶頭撲打。群起攻擊是一種迫不得已的策略，但是它已經被證明有效。然而，我曾經在許多錄影帶中看到某些笨拙的戰術，它們顯示武術高手正面相向——站在槍手十二點鐘位置——試圖解除槍手武裝。通常這要以閃電速度猛然朝槍手持槍的手腕或手臂下手，令人印象深刻。但可別忘了，錄影帶中的「槍手」是這位武術大師道場的學生或教練。

　　我認得幾位美國和英國的特種部隊高手，他們表演過這招。但是他們對付的槍手是正想把他們收為俘虜的

人。槍手的心理狀態固然有敵意，也有警覺性，但遠比瘋狂殺戮的凶手來得消極。恐怖分子腦袋裡只有殺人這個念頭！——這可是天大地大的差異。

如果我告訴我特種部隊的同志（他有過正面制伏槍手的實戰經驗），我願意對積極殺戮的凶手試這一招，我知道他們會微笑的說：「兄弟啊，祝你好運！」

千萬不要試圖從正面制伏積極殺戮的凶手，除非你已經沒有別的辦法！

三、躲藏

現在要討論一個特定情境，它影響到美國及其他地方數以千計陷身槍擊事件中的人們。這個情境就是眾人擠在房間裡，而殺手正在走廊徘徊，尋找更多受害者下手。如果他已經來到你們躲藏的房間門口，該怎麼辦？這類似科倫拜高中和維吉尼亞州理工學院數千名學生，以及辦公室殺戮事件同仁所遭遇的夢魘。

接下來我會一步一步引導你了解，我會如何處理這種高度恐怖的情境。我知道很多學校和辦公大樓已經演練遇上緊急狀況必須關閉的過程。不過，我還是有幾點意見想提供參考。

　　如果你能夠把自己關在一道十分牢固的門後頭，也能夠用相當笨重的物件擋住門，那就還好。遵循標準的建議，盡可能找到掩護，關掉房裡的燈光和一切機具，譬如影印機等。關掉手機的聲音，保持靜默。

　　千萬別開門。記得平常用在讓門保持開著的那種小小木楔吧？如果你看到它們，盡可能蒐集起來——它們可以發揮很大功能、從裡頭堵住門。當你用它堵住門之後，再找些笨重家具擋住門。記得：上鎖，底下堵住，再用重物擋住門。

　　如果你聽到有人敲門，求你放他進來躲藏，先把他假設是槍手要騙你開門。別應聲。有人敲門，要你出來幫忙傷者，可能也是槍手騙你的詭計。千萬別出聲就對了。

　　離門遠一點。子彈可以打穿門，也可以打穿夾板牆。因此盡量趴伏在地上，在你和槍火之間有越多層屏蔽越好。用木桌、椅子、電腦、影印機、冰箱⋯⋯任何東西當做屏蔽。屍體也會是很好的掩護——這是很不得已、陰森可怕的現實。置滿文件的檔案櫃可以阻擋住子彈；但如果是空的檔案櫃，就毫無用處。

　　如果是 AK47 步槍發射的 7.62 釐米子彈，在它射穿了木門、夾板牆、和幾層教室的書桌後，你有很大的可

能性不會再被子彈打中，因為它將會被阻滯、彈開，而失去殺傷作用。

唯有在你絕對有把握軍警人員已經控制住大樓之後，你才能開門。當你開門出來後，一切遵照他們的指示行動。

但千萬別往治安人員跑過去。他們神經已經全面緊繃，充滿戰鬥意志，有時候無法預測，因為你不知道他剛經歷了什麼狀況——他們的同僚可能剛被做掉，他們可能也很害怕。這一刻，你可能只想抱住救了你一命的警察。但千萬不是現在！警察此刻只想確認你不是槍手同夥。

你如果蒐集了武器，記得把它們丟開、踢開，高舉雙手。盡可能採取消極姿勢，並且大喊：「別開槍！」擁抱警員的動作以後有機會再做。如果警察把你扣上手銬，別生氣，這是正常程序。他們只是按照他們部門制訂的標準作業流程動作。

警察可能也在搜索丟掉武器、混在人群中企圖開溜的恐怖分子。很不幸的，在人質遭劫持的某些個案中，警察可能也在搜索由受害者保護的恐怖分子。「斯德哥爾摩症候」（Stockholm syndrome）發生的次數很相當多，它們還可能再次發生。

現在我們要討論更棘手的情境。你躲到一個房間，

它的門不能上鎖，又沒有笨重物品可以擋住門。你的麻煩就大了。

　　我的建議是你們先推選幾個身體強壯、信心充足的人擔任主攻手。其餘的人則扮演起先聲東擊西、可迅速參加群起而攻的角色。

　　各個角色人選推定之後，非常重要的是先練習下面即將敘述的技巧。在你們學校或工作職場中盡快把大家組織起來，學校班上應該可以挑出及推選足球校隊或具有黑帶級功力的女生，擔任發起主攻的角色。辦公室或企業的員工也可以依此原則組織起來。

　　然而，在各種緊急狀況中，經常會冒出志願者和英雄，你想像不到的。有些你以為身強體壯的運動高手，可能畏縮不前，而你認為膽小如鼠的人卻可能率先對付敵人。

　　以下會是可能的狀況：如果你聽到奇怪的噗噗聲響，以及槍手悶響的槍聲；有人尖叫或吼叫，也引起你的注意。這時候，立刻進入你們已經練習的操作。

　　如果門位於一道牆的中央，兩個主攻手分別在門的兩邊就位。一人在前蹲著，另一人在後站著。如果門是在兩面牆交會處，只有一邊可容兩個主攻手照上述方式就定位。

主攻手就定位之際，其他人——支援組——應該忙著他們的首要任務，做出聲東擊西、讓槍手分心的動作。

我要再次強調，這一切應該已經練習過，純熟到有如本能，可以迅速、安靜的進行。不要七嘴八舌，最理想是只有一個聲音——一切都聽事先推選的領導人的指揮。領導人應該以低聲細語下達指令——房裡的人聽得到，外頭卻聽不到。

第一個分神動作應該是視覺方面——在槍手打開門，進入房間的那一剎那，出現於他視線之內。它應該在他的十二點鐘位置，以便立刻吸引他注意。

學校校園、工廠和生意場合等公共場所，應該會有很多滅火器。乾式和泡沫式化學品的滅火器都很好，它們可以製造讓槍手分心，也可以產生煙幕阻擋他看清楚你。它們也能刺激他的眼睛和肺，是頂級的武器！

派定的主攻手應該在門邊就定位，至少要備有一支滅火器以及順手可及的任何工具。有可能，就先鎖上門，頂住門或擋住門。若是門不能上鎖，布置障礙物可以阻滯他，造成他分神。

其他人應該利用教室或辦公室裡所有的東西，製造多層障礙物，然後躲在它後面。這個障礙物必須夠大、夠牢，因為它必然會吸引子彈打過來。

狀況一

當門位於一道牆的中央時，兩個主攻手分別在門的兩邊，一人前蹲，另一人站後。

狀況二

當門是在兩面牆交會處時，兩個主攻手於門的一邊就定位。

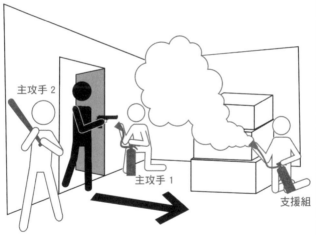

主攻手 2

主攻手 1

支援組

槍手打開門，進入房間那一剎那，支援組在他的十二點鐘方向吸引注意力。

　　從軍事角度解析，你們的計畫是：埋伏在門兩側的是攻擊手。躲在障礙物後方的是「火力支援者」。目標是包抄敵人。

　　槍手一進門，你們立刻啟動突襲。他一踏進門，滅火器就立刻對準他。這將製造煙幕，遮掩槍手的目標。障礙物可以阻礙他的動作選擇。槍手看不見了，主攻手立刻使盡洪荒之力攻擊他。以空滅火器敲擊他腦袋之後，主攻手應該以雙手抓住他的武器，使勁往左右、向上奪取槍支。如前面已經講過的，他將被迫鬆開槍，否則手指會斷掉。同時，火力支援組必須衝向槍手，以一切可能的武器進攻。棍子、圓鍬、刀片，都可以。

　　沒有滅火器？沒有關係。步驟都不變。室內燈光熄滅。百葉窗簾拉下來。當槍手進來時，躲在笨重障礙物後方的支援組齊聲尖叫，吸引槍手分神，以便主攻手包夾他。

　　反射鏡也可以製造不錯的分神。最理想的是，現場有跟真人一般高的鏡子，它應該擺在進門一兩步的地方。從廁所卸下來的鏡子挺管用的。如果沒有鏡子，電腦顯示器或電視機螢幕也行。

　　如果實在沒有可以反射的物品，教室裡的白板也可以湊合運用，把它推到定位，或者把桌子倒立擺放在門

前方。支援組布置好讓槍手分神的物品後，趕緊回到預先準備好的障礙物後方，預備下一波行動。

　　整個構想就是，槍手會碰上一個東西，他可能看見有個倒影瞪著他。他楞了一下，在這千鈞一髮之際，他會以為有個人直接站在他面前，可能會開槍射擊擋在他面前這個「人」。他可能沒注意到門兩邊躲了攻擊手，而攻擊手已經逼近他，攻擊組必須直接搶奪他手上的武器。記住：逼近槍手身前，向左右或往上方搶它。

　　主攻手搶奪槍手武器的同時，另一名攻擊手可以重踹槍手的膝蓋，或是攻他底盤，把他摺倒。支援組再一擁而上，踢他，踹他，狠狠揍他。如果你們有刀片或破玻璃，割他。總而言之，以你能運用的一切東西狠狠對付他。

　　千萬記住：回到中古時期，下手絕不留情。

四、開放空間

　　我要繼續討論另一種不同的情境：槍手在相當空曠的地方大開殺戒。目前我把這種情境假想為購物中心，因為購物中心具有許多特點，是機場、旅館等場所也常有的特點。

　　我要再次強調，每個槍擊事件都有它獨特的進行方式。有太多無法估計的事物，因此不可能提出完全標準化的對應行動。我只能提供某個範圍的建議，你應能在不同的情境中斟酌採用。關鍵是吸收我所提供的資訊，只要你有需要就可自由運用。

　　要靈活運用你所學到的東西！

　　前面一章談論過如何製造讓槍手分心的條件，但是現在你應該已經明白，攻擊和誘敵分心是一體兩面的東西，它們要在電光石火的一瞬間相互配合。我只是在不同章節討論，方便讀者理解。

　　先假設你試了幾條路線後想逃跑，但是情勢逼人，槍手老是擋住你的逃生之路。換言之，你卡住了。然而，你設法收集到一些武器，也有一群人和你聚集在一起。他們的體格狀況和能力各異，有些人驚嚇到不行，根本

幫不了忙，他們沒有一個人具備軍事作戰或治安人員的經驗。在這種情況下，你只好承擔起領導角色。

你隨時在進行的動態風險評估告訴你，槍手隨時可能來到你們現在的位置。

如果他真的朝你們方向逼近，應該怎麼辦？你推斷，你們若不攻擊槍手，有很大的機率你和你周圍的這些人不死即傷。依據你的判斷，已經別無選擇，只能設法制伏槍手。

從樂觀角度來看，你在試圖逃跑的過程中已經收集不少湊合可用的替代武器。你也遵循我的建議，在接近你們的路徑上布置障礙物。你已經翻倒一些家具，也撒了滿地破碎玻璃。

你已經啟動火警警報器，也設法利用從廚房找到的廚師用的噴火槍啟動自動灑水滅火系統。甚至，你在拿取兩個滅火器時，還從消防水喉放出一大堆水；你也以各種油類和清潔劑製造滑溜地帶。

然而，槍手繼續朝你的方向逼近。你聽到槍聲和受傷、驚慌的人的尖叫。首先，先從年紀、病軀或緊張程度判斷誰是「非戰鬥員」，把他們藏在你認為會是最安全的地方。盡力照顧他們，但別在這件事上浪費時

間。摜倒殺手是你能夠幫他們最大的忙。集中精神在結果上。

你掃描現場，尋找最適合發動突襲的地方時，情勢察覺也同時啟動。廊柱、走廊轉角或槍手視線不及的門，都是理想的選擇。

我們剛才提到在防守教室或辦公室時，利用有反射功能的器材對付殺手。現在換了不同情境，若有可能，還是可以利用反射這一招。當你躲起來、準備發動突襲時，注意任何建築物有反射功能表面（如玻璃或大片鏡子）的視線。你在準備攻擊時，從玻璃上瞄一眼可能就注意到殺手靠近了。

從另一方面講，他不會注意反射物，他只想找具體的人類目標射擊；在成功機率對你不利之下，這會替你添加幾分優勢。

也別忘了死角原則，記得保護你的六點鐘位置。你不會希望槍手從你背後出現，那糟透了。

總而言之，切記要設法找個節點，槍手往你的方向走來時，這個地方因為建物的設計，或是你所製造的滑溜地帶、障礙物，使它變得狹窄。如果你跟別人在一起，你自己要站在硬性掩護背後，即槍手視線不及的位置，這個位置又是槍手要穿過的節點。

　　他一進入你的視線，立刻從他的十點鐘至兩點鐘位置之外的側翼攻擊他。利用你手上能利用的武器，最大化你的攻擊力道。狠狠打向他的腦袋、咽喉或頸背。

　　拿滅火器朝他臉上噴過去，不論是乾式或泡沫式化學物都會燙燒他的眼睛和肺部，時間雖很短暫、卻可能是致命關鍵。這兩種化學物的有效射程都在大約十英尺左右。實際上，你可以、也應該等槍手更接近才發動。如果你們有兩個人，兩人都用滅火器噴他。攻擊行動必須協調好，近距離且從側翼發動，還要結合突襲要素。緊隨著攻擊，再拿滅火器金屬筒朝他頭部死命砸下去。只要是對付瘋狂殺戮的凶手，就要以最極端的暴力狠狠打下去，直到他不再有能力傷害別人為止。

　　按照前文敘述的方法搶他的武器，扭轉它、迫使他鬆手。以一切手段繼續攻擊他，直到槍手不再有能力攻擊別人，然後沒收他的武器。

　　辣椒噴霧器也是理想的武器。如果沒有它，沒關係，你或許可以改用腐蝕性清潔劑朝他臉上摔過去。槍手在突襲下失明是成功的第一步。接下來你再死命的攻擊他。

　　如果你找不到節點可以發動突襲，先躲起來，等他的六點鐘位置進入你的視線，只要你搆得到他，再快速

使用你的武器攻擊他。

你一定會很驚訝，即使在極度安靜的環境裡，你竟要從一個人背後接近到某段極短的距離他才會聽到。這是我們掠奪天性的另一個特色，我們被設計來比較能聽到前方動靜，而非後方動靜，因為在追獵物時，我們不預期會被人跟伺。

你不妨想想看，有多少次被自行車騎士嚇到？他們從後方疾馳而過，你竟然都沒感覺他們靠近。在殺戮現場，有人驚叫，又有警鈴大作，槍手不太可能聽到你，直到太遲——對他而言是太遲。身形要低、動作要快，使出中古時期的狠勁以洪荒之力衝倒他。

在找不到節點的情況下，你可能反而比較容易遭到槍手反擊，所以你要依賴攻擊的速度和凶猛來摺倒你的目標。在這種情境下，如果你幸運，槍手可能暫停下來，卸下空彈匣，換上新彈匣，重新裝填子彈。訓練有素的軍人在一兩秒鐘之內就能完成這個動作。我們知道分秒必爭，因此這將是從你在他十點鐘至兩點鐘位置之外的藏身之處伏襲他的理想時刻。不要猶豫，幸運之神會照顧勇者。

街景通常提供更多機會給你逃脫和躲閃。要跳脫框架思索即興武器的來源，啟動你原先的演練。記住你的

「情勢察覺」和「動態風險評估」。提防你的六點鐘位置。不斷移動,脫離火線角度。盡最大可能不進入槍手的十點鐘至兩點鐘位置之範圍內。最後分析時,再做調整,然後試圖潛行到槍手背後,以致命的力道突襲他。

在城市街道上發生槍擊事件時還有一種不幸的狀況,就是汽機車駕駛人無心之間開進殺戮現場。有些人的汽機車被槍彈打到,也有人不幸喪生或受傷。

但是,我還沒聽說有駕駛人開車直衝槍手。如果你位於他的十點鐘至兩點鐘位置之內,你也沒有選擇,不妨捨命一搏,反正他很可能朝你濫射。踩油門、向前衝!別慢下來!

五、在夜店或電影院

　　殺戮事件發生在奧蘭多脈動夜總會或巴黎巴塔克蘭音樂會等場合，所涉及的問題就更加複雜。這裡頭有許多相互交織的因素，使得有意殺害越多人越好的槍手視之為沃土。

　　環境因素的確會加劇事態的嚴重性。第一，你碰上沙丁魚問題。許多人像沙丁魚一般擠在罐子裡；這種地方吸引人也正是因為如此。其次是噪音問題；音樂、笑聲、吶喊——夜店非常吵，也因此才有趣。閃動的燈光在室內以催眠般的模式投下陰影和顏色，這會使人失去方向感。

　　由於這些因素，脈動夜總會和巴塔克蘭音樂會裡頭的人有好幾分鐘都不知道槍手已經發動攻擊。當他們驚覺時，許多人已經來不及逃命。燈光昏暗以及那麼多人擠在有限的空間裡，使得大家極度困難掌握方向逃命。

　　另一個嚴重不利逃跑和活命的因素是喝酒、嗑藥。即使你相當清醒或沒喝酒，你很可能形隻影單。

　　我絕對不是要批評上述兩個場合的受害者或倖存者，他們有權利和朋友出去小酌、歡樂。但是我覺得，在擁擠、嘈雜又方向不明的環境中，加上酒精、嗑藥作

祟，是對無辜的人所製造的挑戰。這正是夜店會被挑中當做攻擊目標的原因。它們是「目標豐富環境」，在這種地方，目標多如過江之鯽。

同樣的，在電影院、火車和飛機上，你將被一排又一排的座位局限住。結束這場恐怖的唯一方法是，在槍手背對你時，立刻從他的六點鐘位置群起攻擊他。座位和狹窄走道限制住你的行動，同樣也阻滯他的行動。記得解除殺手武裝的演練，以洪荒之力猛烈攻擊他。

許多人在電影院、火車或飛機上因為人與人距離太近，會增強混亂程度。在這種環境下，我會奉勸你衝撞或群起攻擊槍手。

他可能叫囂他身上有炸彈。你相信他嗎？他真有炸彈、又怎麼樣？這只使得你更有必要攻擊他。如果不攻擊他，你全盤盡輸。寧可早點攻擊他、不要拖。

寧可群起而攻，像蜜蜂叮他，也不要像綿羊遭到屠殺。

本章重點摘要

⚠ 本章最重要的教訓包括解除槍手武裝的演練。請多加練習。

⚠ 永遠記得要強力將槍手的武器往上推。他會沒有辦法制止你。

⚠ 千萬別往下制壓槍枝。他將能夠抵抗，會回過頭來射殺你。

⚠ 槍手的手指放在扳機上，所以你扭搶槍枝，他必須鬆手，否則他的手指會斷掉。

⚠ 一旦你搶下他的武器，朝他開槍，或使勁往他腦袋砸下去。

⚠ 你現在已經懂了訣竅。不論處於何種情境，調整它們，伺機而動。

⚠ 總之，你的反擊必須絕不容情。

第六章

利刃攻擊事件

如何面對持刀的歹徒

到目前為止，我一直在討論爆炸及槍擊事件的結果和對付方式。然而，針對日益普遍的用利刃隨機攻擊，若不提供一些建議，我就對不起大家。

利刃攻擊事件在歐洲最常見，伊斯蘭極端分子使用利刃和彎刀在街頭、咖啡館、餐廳、地鐵車站、火車上，甚至教堂講壇，殺人、砍腦袋已經不是新聞。它們也已經散布到美國，我們沒有理由懷疑這類事件發生的頻率會上升。同樣的，我們也沒有理由害怕這類挑戰。

對於遭遇利刃攻擊時如何保衛自己以及逆轉情勢反制敵人，你必須有某些基本了解。利刃和彎刀是很危險的武器，會造成受害者嚴重出血。本章應該能夠幫助你抵禦利刃攻擊。

首先我要提醒大家，在街頭數百萬人常常帶的一種東西——書包或電腦背包，它相當重，可以做為有傷害力的武器。危險出現時，別忘了你肩上就有可以利用的武器。

利用它把持刀行兇者擋在一段距離之外，或者當你處於他的六點鐘位置或是側翼時，用它狠狠砸他腦袋；要用手提公事包猛砸持刀行兇者腦袋也行。

　　對於遇上持刀行兇者攻擊如何自保，常見的一種建議是脫下夾克裏住手臂，用來阻擋對方攻擊。然而，我不認為這是好主意。遇上利刃攻擊，你的目標應該是維持你本身和利刃的距離，立刻裏上手臂，反而使你處於消極、守勢的地位。也就是說，由於你把手臂擺在身體前方，持刀行兇者可以接近你。他越是靠近，就越有可能傷害到你的咽喉、胸腔和心臟，很可能一刀使你致命。由於你的夾克沒包到，又自己送上前去，會讓他的利刃割傷你的手肘上部，說不定動脈會大量失血。

　　上策是逃跑。但是如果你已經被逼到角落，以雙手拿起背包或手提公事包置於胸前，防阻他直刺或橫砍。對抗行兇者進擊時，記得不斷左右變換位置。避免向後退，因為遲早你會踩到某種東西而絆倒，持刀行兇者就能從上而下攻擊你。

　　另一個生活中唾手可得並可用來對付持刀行兇者或槍手的有效武器就是咖啡杯。有好幾百萬人日常在街上行進時都會拿著一杯咖啡。如果朝歹徒臉上拋過去，熱飲會燙傷他，讓他暫時失明。然後你再死命攻擊，直到他解除武裝。

　　許多利刃攻擊事件發生在咖啡館和餐廳。如果大家都把熱飲朝他身上撒，他可能會渾身燙傷。冷飲也可以，記得投擲他的臉部，尤其是量大如啤酒，只要臉上

沾上液體——任何液體——都會妨礙行動。

接下來,拿重物丟他。瞄準頭部,目標是製造重傷。只要有可能,就盡量攻擊歹徒的腦袋。

路邊咖啡座可能會有遮陽傘。卸下它,傘棍可以成為長矛,用它把持刀行兇者擋在相當距離之外,甚至戳傷他。瞄準他的臉和軀幹。

遇上利刃攻擊事件,還有一種最有用的武器就是椅子或長凳。擺在胸前,架開攻擊。這時候換持刀行兇者遇上難題,因為他的利刃搆不到你。他沒辦法用一隻手跟你搶椅子,不太可能放下武器跟你搶奪椅子。如果你們有兩人以上同時舞動長凳和椅子,你們可以把恐怖分子逼到角落或牆邊。向他丟擲瓶子、背包或磚塊,製造傷害,消除他傷人的能力。

理想的情況是,歹徒的行動已經嚴重受到限制,你們試圖從側翼以重物砸傷他。這可以使恐怖事件快速落幕。再說一遍,你的目標是使用實實在在的技巧,有控制性的、強力的制止歹徒的攻擊。沒必要跟揮刀的歹徒周旋。

椅子可以派上用場,背包也不遑多讓,瓶子和遮陽傘的棍子也能發揮功效。這些方法已經有人試過,而且證明有效。請多加利用。

本章重點摘要

⚠ 當你遇上持刀行兇者對你揮舞利刃時，記得利用你的書包或手提公事包。

⚠ 別把夾克纏臂當做盾牌。最好是拿書包、手提箱或椅子，把他擋在相當距離之外。

⚠ 熱飲可以燙傷他，此外還可以找找看有沒有滅火器。千萬記住：如果有可能，從他的六點鐘位置或側翼攻擊他的腦袋。

第七章

有效使用武器

假如我手中有槍該考慮什麼？

本章要討論能合法攜槍的專業人士最佳的應對方式和技巧。這當然假設碰上攻擊事件時，你身上剛好攜帶了槍械。我會說明你必須做什麼以及如何做。我也會說明一些規矩，以免你被誤以為是歹徒。

可能你附近出現的不是槍手，而是炸彈客。我會建議你在這種狀況下如何使用你的槍械。我也會對解除了歹徒武裝，還搶到他的武器的人，提供某些建議。

現在，假設你身上有一把手槍，你也認為自己可以熟練、有效的使用它。或許你的確可以——但那是在射擊練習場裡。然而，完全預料不到的事情發生了，你身陷槍手濫殺事件當中。

一、你不是在射擊練習場！

你在射擊練習場裡是個神槍手，但是現在你和你周圍的人真的陷於性命交關的危險當中。這兩種環境的挑戰強度差異很大。

你或許認為靠你的槍可以解決問題，但是請相信我，許多人面臨如此極端的情境時整個人都崩潰。性

命交關的當下，在射擊練習場謹慎訓練過的一切通通消失。

　　你必須克服的第一道重大障礙是安全。你之前所學的一切都告訴你，別打到人，只打代表是個人的標靶。突然間，你必須把槍彈打進活生生的血肉之軀，不論這個人多麼可惡，對於合法持槍的人而言，這是極其嚴峻的一刻。

　　每個配槍的警察都認為，遇上危機時他們會用上它。通常他們都會說：「如果我不預備用它，我何必帶著它。」不錯，但知易行難。雖然我相信大部分合法攜槍的人已經做過深切思考，也有能力射擊歹徒。可是，他們是否能夠像平常一樣熟練開槍是個大問題，許多人會僵在那裡或笨手笨腳。

　　讓我們再更仔細分析你將面對的問題以及應運用的策略。我要強調的第一件事是，最有效使用手槍的方法就是盡最大可能把許多發子彈打中歹徒。我發現有人碰上兩、三個目標時，會先對第一個目標開兩、三槍，轉身、重新定位，再朝第二個目標開兩、三槍。但是你碰上的情況很可能只有一名槍手，持有強大的武器在亂局中射殺無辜者。因此請練習盡可能把許多發子彈打中同一個目標，因為當你碰上槍手時，這才是最需要的動作，請把整個彈匣的子彈通通都賞給他。

下一步而且絕對重要的，是在極端壓力下平穩的換彈匣。由於恐懼、急忙，很容易在最糟糕的時刻搞砸了這一步。請一再練習換彈匣的動作，直到它成為你的第二本能。當你換了彈匣，如果槍手還站立，再賞他幾槍。即使他已經丟下武器，你並不知道他是否還會撿起來。這不是當善心人士的時刻，必須十拿九穩他不再具有危險殺傷力。

萬一不幸你碰上瘋狂殺戮的凶手，要成功對付他，需要在射擊練習場練習的基本技能就是：

學會運用持續火力射擊一個目標。學會手不發抖，重新裝填子彈，然後再次開槍。

不斷練習，直到它和你成為一體，你不再僵滯不動或笨手笨腳。

現在我們假設你已經純熟這些技能，並且合法攜帶一把手槍。在大多數狀況下，它可能是一把半自動手槍。讓我們再假設你的手槍夠強大到能有效反攻。

每一起攻擊事件都會出現不同的狀況，而且事件將在電光石火之間發生。以下要提出一些簡單的問題，一旦碰上槍擊事件，對你會有極大幫助。

二、什麼時候使用你的武器

合法攜槍者第一個、也是最重要的技能，是懂得在什麼時候掏出武器。這是比你原先想像還更複雜的一件事，你一掏出槍，立刻吸引大家注意，但它很可能非常不受歡迎。身邊深怕受害的人可能認為你是跟槍手一伙的，你可能遭到決心撂倒槍手的人衝撞、群攻或重毆。

雖然你可以先高喊你身上有槍，但很顯然，只有在確定槍手聽不到時，你才能喊叫。

如果你還沒喊出聲來，我的建議是，如果你有信心可以平穩的拔槍、射擊，就讓手槍停留在槍袋裡。如果你沒有那麼大的信心，先把槍悄悄掏出來，藏在你背後、放在口袋裡或塞在夾克裡。鎖好安全插鞘，但已經裝了子彈。

如果你準備迎戰殺手，你可能發現人潮跟你反方向逃跑，阻擋了你。上策是不要浪費力氣抗拒人潮。你可以移動到旁邊，找個合適的掩護。守在奇襲位置等候，直到你可以看見殺手身影。記得避開殺手十點鐘到兩點鐘位置。

另一個非常真實的危險是來自其他執法人員。在槍

擊事件進行中和結束後都會有危險。因為警察會認為手上持有武器的人可能是殺手,如果他們發現你手上有槍,可能格殺勿論。

這時高喊你也是執法人員根本沒有任何意義。他們不會想:「夥計,我們先瞧瞧這傢伙的證件。」他們會亂槍把你打死。

當其他執法人員到達現場時,你該做的最明顯的一件事就是丟掉武器,高舉雙手,清楚表示兩手空空。有什麼事都可以等到以後再說,上上之策就是你閉口不說話,有問才有答,別囉囉嗦嗦解釋一大堆而惹惱了他們。他們已經全身緊繃,注意一切威脅,因此根本不想聽你廢話。

另外你要記住,合法擁有手槍並不代表你有義務必須立刻對抗槍手。如果你能逃、能躲,可能是最好的選擇,不必覺得丟臉。

然而,如果你決定你必須採取行動,要先考量你的環境。再說一遍,這是你滾動式動態風險評估上場的時候。你會處理許多資訊——殺手使用什麼武器?長管步槍或手槍?他有穿防彈背心嗎?他的行為舉止怎麼樣?他在瘋狂掃射,還是經過盤算才開槍?

你從他所造成的傷害可以立刻意識到他是否訓練有

素。只要他看不到你，他就殺不了你。專心注意。

另一個需要考量的因素，尤其是遇上恐怖攻擊事件時，槍手們可能安排了眼線，讓同伙替他把風，注意周遭動靜。一般相信在歐洲發生的一些大型濫殺事件就是如此，眼線的角色就是警告殺手警察已經來了，或是現場出現武裝干預或抵抗的可能性——指的就是閣下你。

你可能處於一種情境，逃不出這個地區，又找不到掩護，這時候你必須立刻使用你的武器。這是唯一的時候，我會建議你面對面跟殺手對幹，已經別無選擇，只剩下你死我活一條路。

三、從背後逼近、越近越好

你的情況或許還有某些活動的空間。假設如此，開始依第三章的介紹，從一個掩護移動到另一個掩護。同時，停留在槍手的十點鐘到兩點鐘位置之外。

你的終極目標是繞到槍手背後。如果你能到達他的六點鐘位置，那是最圓滿的結果。從背後開槍打他，這不是決鬥，別存婦人之仁，朝他背部盡量開槍。如果他穿防彈背心，朝他下背部開槍。

在你開槍前，盡可能貼近他。如果已經近到夠準確

命中頭部，就開槍。如果你在側翼就被他發現，還是盡可能接近他，瞄準他軀幹正中央。你的目標是打碎他的脊骨，讓他完全失去行動能力。

如果你從他正背後接近，他不太可能聽得到。可是，他可能因為建築物的玻璃或金屬表面反射而有警覺。因此，你只要看到他轉身，絕不猶豫，開始開槍，不停的朝軀幹開火。

沒有實戰經驗的人，要在作戰狀況下要從二十碼之外準確命中目標，少之又少。盡可能逼近槍手，沒有錯，這個策略會有危險，但是沒打中槍手，你會更加危險。

別以為歹徒會那麼快斃命，記得再補一槍，確定他不會再作怪。

要記得，你不是在對付射擊練習場裡靜止不動的紙板，殺手會移動，你必須接近他，必須可以立刻調整你的位置幹掉他。

在絕大多數的案例中，殺手很可能具有某種長管攻擊步槍，比你的手槍有更遠的射程。如果他有機會，會用來對付你，這也是你必須盡可能接近他的另一個原因。當你準備好了，把整個彈匣的子彈通通往他軀幹打。

你不能僵滯不動，要開槍。

開火、移動。開火、移動。注意時機。移向後方。迅速更換彈匣。

你在更換彈匣時不能笨手笨腳。

在更換彈匣時，要不斷注意你的左右兩方。歹徒是否已經不能作怪？他是否還握著武器？如果是，再朝他開槍。

如果你認為他已經「安全」、不會作怪了，把他的武器移開他，踢走，若是警察已在附近，千萬別撿起它。假如槍手不只一人，你又懂得如何使用他火力強大的武器，那就拿來使用。檢查他是否穿裝了炸彈的背心，但對待任何背包都必須極其小心，它可能藏了土製炸彈。

如果你認為他帶了炸彈，別去碰它，立刻離開，警告別人也趕快離開。一有機會，立刻告訴警方，你懷疑現場有炸彈。

請記住：你是一匹狼，你也可以反咬。

本章重點摘要

 若要武裝干預，需要有控制力和盤算。在射擊練習場練習能夠純熟的針對一個目標賞好幾發子彈。熟練更換彈匣，你必須能夠平穩的更換彈匣。

 確定你是朝歹徒開火。在實戰現場一片混亂，情勢可能不是想像中的那麼明確。

 把你的武器放在口袋裡，避免被誤認為是歹徒。當警察到達時，丟掉你的武器，靜止不動，明確的把兩手空空高舉過頭。警察也會緊張，搞不好會殺了你。

第八章

現場醫事急救

運用手邊材料進行醫療急救

> 要學會如何協助傷患及運用戰場檢傷分類，做出生與死的判斷；學習如何運用手邊有限材料進行前線醫療急救。如果手邊就有急救包、去顫器，那就太棒了。我會教你如何臨機應變、調整策略和克服困難。

從許多方面來看，本章最為重要，因為所包含的資訊可能對絕大多數人最有用。萬一不幸你身陷炸彈客或槍手攻擊，而又好家在沒受到傷害，本章可以教你如何拯救別人的性命。

為了討論方便，我假設你了解心肺復甦急救技術，也了解如何遵循自動體外心臟去顫器（AED）的指示行動。每個人都應該懂這些技能，如果你還不懂，趕快去上課。

任何程度的急救訓練都是有用的技能，可以救人一命。然而，在炸彈爆炸和濫射槍擊案件所造成的大型殺戮中，標準的急救訓練用處不大。在炸彈爆炸或槍手濫射攻擊之後，你需要的是軍人搶救傷亡人員的方法。你遇上的傷勢將和你日常所見大不相同。

一、預期碰上戰場狀況

炸彈爆炸會造成許多慘烈的斷肢、彈片傷口和臨床休克狀況。槍擊事件的槍傷會有進口及出口創傷，子彈打穿身體，打斷硬骨、撕裂軟的組織和內臟。總而言之，你將碰上戰場傷勢，必須處理這些視覺上很可怕、醫療上很難處理的傷勢，這套所需的技能美國陸軍稱之為「戰術性戰鬥傷亡照護」（Tactical Combat Casualty Care）。

戰場醫護課程在軍隊之外也有學校開授，通常是希望回到戰場擔任保全人員的退役軍人選修。任何人都可以申請入學，但是收費相當昂貴，又非常搶手。實際上入學並不容易。

特種作戰部隊的節奏特別快，加上往往要孤立執行作戰任務，因此他們出任務時未必配備專業醫護人員。補救辦法就是訓練一些特戰部隊士兵學會創傷診治。我學了這些技能，被認證為巡邏醫事兵（Patrol Medic）；我其他專長還包括狙擊及高空跳傘進入戰場。我將提供我的經驗，傳授一些戰場急救基本知識。

你即將學習的技能至少能在混亂中恢復秩序，希望也能藉它們拯救人命。我不打算唬你我將說的知識就可

以讓你做好妥善準備，可以面對殘暴、戰爭般事件後的亂局。軍人、警察和其他急救人員已經受過訓練，應該可以面對他們將碰上的慘狀，但是我也從來沒有看到一個初次上陣的菜鳥不被震驚的。

你會發現案發現場的景象、聲音和氣味非常可怕。你可能會休克，如果覺得自己快暈過去，請停下來，遵循我在第一章列舉的辦法，讓你的知覺能力恢復控制。呼吸練習會非常有幫助。

接下來，你必須把所有的拘謹、厭惡和恐懼放到另一邊。專注在你面前的重大任務。

別畏縮。請記住：別人的性命交付在你手中。

你要知道在治安單位確認現場已經安全之前，緊急醫護人員可能不被允許進入。若是爆炸案，警方希望檢查是否還有第二枚炸彈；若是槍擊案件，他們要確認沒有其他殺手在逃。很可能要隔一小時以上，你才會看到急救人員或醫生的蹤影。你必須以手邊有限的材料湊合著救人。以巴黎巴塔克蘭夜店槍擊案為例，專業醫護人員在槍手遭格斃之後，又過了兩個半小時才進入現場。

先照顧好你自己。如果你在槍手的危險區之內，趕快跑，躲開。你的第一優先是救你自己。如果你也負傷，就幫不了任何人。

炸彈爆炸後，要有心理準備還會有第二波攻擊，不管是另一枚炸彈或是自動武器掃射。第二波將針對明顯的逃跑路線或是比較優質的掩護攻擊。因此，你要有跳脫常規的思考，選擇硬掩護，不要挑軟掩護。

嘗試離開殺戮區，如果可能的話，幫忙傷者逃到比較安全的位置。你可能擔心移動傷者會造成他脊骨受傷。但是，這是非常狀況，這些傷勢以後再來煩惱。總而言之，在炸彈攻擊及槍擊事件中，不到百分之五的傷勢是脊椎受傷。不過，如果你認為某人沒救、活不了，就沒有必要去搬動他。

二、準備救治傷者

當你確定周遭環境已經相對安全了，就可以開始幫助傷者。先建立一個臨時醫護站，檢查一下場地是否安全，是否遠離殺手的視線和聽力範圍。如果接近電源，可能的話先關掉電力。

注意是否有斷裂的電線。有危險嗎？你是否應該再搬動傷患？如果你認為現場夠安全，先開口問現場有沒有醫生或護士。如果有，他或她會是無價之寶。其次再問有沒有醫藥品。有些人可能恰好有急救包，日常用品也可以派上用場——女性的衛生棉可以用來堵住傷口，

皮帶可當做止血帶。有需要就開口，有些人擺脫震撼後能夠幫上忙。

Triage 是個法文單字，意即檢查、分類，醫學界稱為「檢傷分類」。如果某個受害者能走路、能呼救，那是好跡象，表示他們可以等。事實上，要堅定告訴他，別大聲叫嚷。咆哮、呼叫都不是好事，因為你要專心檢查重傷者的生命跡象，而且你也希望避免招來殺手注意。

如果你發現有人大量失血，他們需要緊急協助，一邊施救，一邊跟他說話，問他叫什麼名字？告訴他你的名字，告訴他你正在幫他，請他允許你施救。畢竟，你正在處理的是他們的身體，是他們的生命懸於一線。

如果傷者不能以言語回答你，趕快加緊急救。現在先別管心肺復甦急救和呼吸道問題，當務之急是止血。

三、止血

流血不停是造成士兵在戰場死亡的首要原因，它也是恐怖攻擊後造成人員死亡的主要原因，受重創的人很可能很快就失血過多。

要有效止血可以先對傷口直接施加壓力，按住，然

後運用止血帶。如果傷患大量失血，請直接使用止血帶。

如果你很有信心、正確的執行，止血帶和直接施壓按住都有用。我知道你平常不會在手提包或公事箱裡擺著醫學用止血帶，但是你必須臨機應變製造一個。你可以利用皮帶或公事箱和手提包的皮帶，褲襪也可以。趕緊撕開或剪開衣服，盡可能暴露出傷口。看清你要對付的傷口有多大非常重要，你不能錯失、看不清楚。

如果傷者的手臂或腿被炸彈炸斷，別管傷口，直接找到腋下或鼠蹊部，綁止血帶位置要高，綁緊大骨頭，止住斷掉的動脈血管。抓住一枝鉛筆、棍子或鐵管穿過止血帶，利用槓桿——不論它是棍子、棒子——扭緊止血帶，運用絞盤效應，使它緊到不再流血。

波士頓馬拉松賽爆炸事件當中，有位受過戰場醫護技能訓練的人士，至少對五位斷肢的傷者施加止血帶急救。他的義行救了這些人性命。

止血帶雖然有一段時間不流行，被認為是粗糙的施救方式。但是軍方在阿富汗的經驗證明它相當有效，真的能夠救人。如果你看到傷患大量失血，或是肢體炸斷，立刻施用止血帶。

再次提醒你，止血帶的位置要盡量在四肢部位的高處。往往會需要第二條止血帶才能完全止住流血。一旦

止血帶綁上，不要移動它，它可以維持傷者撐到專業人員到達。移除止血帶是一種非常專門的醫護程序。

不過，你要不時檢查。檢查它是否仍然正確的綁住，檢查它是否仍然緊到確實止住血。如果效果不好，繼續扭緊它。

失血已經止住，這時候你再來注意呼吸道的問題。

四、保持傷患呼吸

呼吸道不通就等於沒命。如果你在有意識的病人身上看到黏液、血或嘔吐物等，就依下列程序做：一隻手頂著傷者的頸子底下，另一隻手伸到身體的另一邊，抓緊。把傷者往你方向拉，實質上將他扳倒，清空他的呼吸道。

如果傷者沒有意識，趕緊把你手指頭伸進他嘴裡，左右掏、掏出阻塞物，直到他的呼吸道清空為止。

要檢查呼吸道的確清空，可以檢查他的胸部有無起伏，是否在吸入氧氣？你可以很鎮靜、很清楚的和傷患講話，不斷安慰他，向他打氣，說他或她的情況不錯。

呼吸道確實無礙，傷患也穩定了，你再開始檢查他身體是否還有其他部位受傷。

五、包紮

　　用雙手檢查受害者。輕輕把他轉過來，仔細檢查他的後背，別漏掉腋下。你要注意是否有其他較不明顯的小傷口流血，因此要注意你自己雙手有沒有血跡。你要找出是否有其他傷口需要堵住？是否有其他出血必須控制住？

　　很重要的一點是，你要記得，不是所有的流血都一樣。事實上，流血分兩種：一種是動脈破裂流血，另一種是靜脈破裂流血。動脈流血會強力噴出來，而且顏色鮮紅，因為它富含由肺部補充的氧；動脈流血必須優先控制，因為它流出的速度快。靜脈流出的血顏色深，從組織滲出，不像噴泉般噴出；靜脈流血不會因肺部受傷而滲出。

　　在戰場上，你會隨身配備敷料。可是，在恐怖攻擊現場，不太可能會有專業的包紮敷料，因此你必須隨機應變。譬如，折起布塊、衣服，強力封箱膠帶也可以替代。把布塊放到傷口上，再拿膠帶盡可能緊緊包紮起來。當你使用的是吸水材質時，要又快又猛，要塞緊，直到空穴填滿，再也不能塞進傷口為止。包紮傷口一定要紮實。

　　為了施加壓力，還要用上繃帶。綁繃帶一定要徹底，集中在傷口附近，如果你沒有完全包紮傷口簡直是在浪費時間。先從傷口中間包，再往下包，最後在上方收尾。順序是中間、下面、上面。如果敷料開始滲漏，在第一層之上再加第二層，不要拿掉第一層！

　　胸部傷口要優先處理，因為胸腔壁內出現未受控制的空氣會很危險。胸部遭子彈打傷或是其他斷片刺穿，都需要迅速處理。用強力封箱膠帶和塑膠包裝紙暫時把胸部密封起來。先用強力封箱膠帶做成一個三角型墊片，剪個和三角型相容的塑膠袋，然後貼在傷口上，保持三角型一側的中央有個缺口。它可以讓空氣從洞口出來，但不致於吸進去。血液是天生的膠粘劑，很快就凝結。你只是順勢幫忙凝血。

　　一旦你使用止血帶以及清理呼吸道穩定住傷患；一旦你包紮完其他傷口，可以再透過你的檢傷分類確認下一位最迫切需要急救的傷患。

六、處理其他問題

當所有需要迫切施救的人都穩定下來，就可以處理預防感染、骨折、燙傷和割傷等問題。

請注意，炸彈爆炸的受害者有可能因震波而受到嚴重內傷。這需要專科醫生治療，已經超出急救人員能力範圍。

炸彈也可能造成不同程度的燒燙傷。這也需要專科醫生治療，你能幫忙的只有從燒燙傷的組織周圍去除掉布料。小心別從傷口本身去除布料！還要去除掉任何珠寶首飾，否則之後因為腫脹也得切掉它們。要保持傷患溫暖。

你能讓傷患更加舒服，將來他們的治療過程就會越少問題。瘀血和疼痛是拉傷和扭傷很好的指標，但是這些症狀也很可能代表發生骨折，骨折惡化的結果是肢體畸型。

如果施用彈性繃帶，拉傷和扭傷的痛苦可以舒緩。壓緊，可以支持傷患直到向醫生求助；繃帶要寬，記得包紮的順序是中間、下面、上面。中間、下面、上面。使用人字形包紮法（herringbone effect）以求最大力道

的支撐。傷患可能在一聲令下後必須靠受傷的肢體跑步，因此第一步就要做好你的工作。

如果有可能的話，記錄下來你所做的急救，幫助傷患日後診治。你可以拿紙筆記下來，也可以用手機的錄音功能錄下來。這可以幫助急救人員加快他們對傷患的評估和診治。不必很精準，但是可以大略交代你的施救步驟。譬如，「二十分鐘以前我幫他做了止血帶。我在他左側胸部補了一個洞。」它可能幫助專業人員保住傷患的性命。

止血帶這個問題非常重要，我想再補充幾句話。二〇一二年桑迪・胡克小學二十名學童和六名成年人遭殺害之後，美國一群著名的外科醫師發起一個被稱為「哈特福共識」（Hartford Consensus）的倡議。它揭櫫的宗旨是：「沒有人應該因失血而死。」為了推動這個目標而訂定一個原則，要讓所有事件的當事人和旁觀者都學會當急救人員。其終極目標是盡可能教會許多人懂得使用止血帶。白宮後來發起「止血運動」（Stop the Bleed Campaign），採納這個重要倡議的主張。

我衷心支持這些運動的目標。人人都應該學習如何使用止血帶，人人也都應該學會心肺復甦急救術。請參與！

本章重點摘要

⚠ 恐怖攻擊過後，第一件事是確認現場對傷患而言不再有任何威脅。

⚠ 下一步優先動作是評估或對傷患進行檢傷分類，確認什麼人最迫切需要施救。

⚠ 失血是必須最先處理的關鍵因素，意即需要止血帶和壓墊。學會這些技能，一旦在路上出車禍，它們也會很有用。

⚠ 胸部受傷也是致死的主要原因，因此要學習密封胸部的原則。骨折和割傷必須動用夾板和清理的技能。

⚠ 別想等候急救人員。他們可能被擋在警方封鎖線之外達相當長的時間，這段期間可能就是攸關生死的關鍵。

第九章

使用數位科技

談智慧型手機及社群媒體在
恐攻中的角色

本章將要討論槍擊事件中一個很複雜的面向。這個問題越來越常出現在第一線，是數位科技和社群媒體發達後變得很棘手的問題——它出現在恐怖事件當中，有好也有壞。

我要分成三方面討論。第一是受害者在槍擊事件中使用社群媒體的方式。第二是槍手在攻擊進行中使用社群媒體——這個趨勢日益頻繁，隱藏許多問題。第三是未被直接捲入事件的一般大眾使用社群媒體，它又牽涉到可能看到現場遭到攻擊的人士，以及沒有看到現場情況的人士。

我在前文評論已開發社會中近乎無人不用社群媒體的現象。我們已經很難不透過智慧型手機找到其他人，人們不斷的與他們選定的數位「社群」互動。

我和大家一樣也使用各種數位科技，但是我限制自己只使用其中最普遍的一項——智慧型手機。這是行動科技的極致，你可以帶著它到處走動，但是它也會使你自己和周遭世界隔離。

我先舉個實際例子。常常看到有人走在街上，沉浸在音樂中，全然不覺周遭的動靜。你若聽到有些人沉浸在網路世界，渾然不察周遭狀況就走入人行道，結果遭

汽車撞死或撞傷，這也不算新聞。

由於過度使用科技而產生這種渾然不覺的狀態，恰恰和保持安全、強化生活經驗所要求的警覺狀態南轅北轍。你不能從一組耳機後面體驗你的「情勢察覺」。

雖然我知道，我這麼說是完全背逆現代潮流，但是越來越多人同意我的看法。我希望你也能夠認同，把使用智慧型手機限制在合適的時間和環境之下。

我們先來看看社群媒體的廣泛使用，以及它在各種恐怖分子活動中所扮演的角色。

一、攻擊者使用智慧型手機

有一個實例發生在二〇一六年七月，十八歲的阿里・桑伯利（Ali Sonboly）利用臉書誘騙年輕的受害者到德國慕尼黑一個購物中心。桑伯利開了一個臉書帳號，偽裝是個漂亮的少女莎莉娜。

攻擊事件之前幾個小時，他用莎莉娜這個名字發出訊息，說：「請在今天下午四點到 OEZ 購物中心的麥當勞來。只要不是太昂貴，我什麼東西都可以送你。」

最後，桑伯利在麥當勞開槍射殺了九個人，其中四名青少年是看到他的訊息而來。

脈動夜總會殺手、二十九歲的奧瑪 · 馬丁（Omar Mateen）喜歡在臉書上貼出裝扮整齊的自拍照片。這顯示他有自戀狂的精神症狀。他也運用臉書當做工具，試圖查出幾位佛羅里達警員的住家地址。很顯然他的備案計畫是到某位警察家中去殺害他及其家人。

當然這類訊息也有助於探員調查殺手犯案的動機，治安單位也很明顯在設法打入社群媒體，試圖查出潛在槍手的共同特徵。這不是一件容易的工作。現在，我要呼籲大家，人人都應保持警覺。如果你發現某位網友出現建立炸藥暴行的思想傾向，趕快向治安單位報告。

然而，就身陷事件當中的受害者而言，歹徒忙著透過社群媒體和當局談判，或在對新聞記者發表聲明，還有更即刻、更重要的意義。

道理很簡單——

槍手說話或發簡訊時，他不可能開槍！

他在忙的時候，就不能完全專心。這給了你機會悄悄移動到更安全的掩護，或是偷襲他。槍手在使用智慧型手機的時候，等於他在更換彈匣，他的手指不在扳機上，他的罩門就暴露出來。

脈動慘案的槍手奧瑪 · 馬丁曾在網路上進行了許

多對話，跟警察講話，跟記者講話，還在臉書上貼文。這些不開槍的空檔就是可以利用的機會，因為他忙著和社群媒體打交道而分心。但是這並不代表在他槍口下的眾人就一定能利用這個時刻，也不代表我們在此批評他們。

槍手忙著使用社群媒體或是談判的時候，其他因素也必須列入考量。譬如，人質的身體狀況，是否知道有可能採取什麼行動——本書接下來就是要提供這些知識。

另一方面，伊斯蘭國的主要殺手顯然都屬於這些原則的例外。所謂伊斯蘭國的主要殺手，我指的是轉移到西方國家城市進行自殺攻擊的第一線戰士。他們在攻擊時不浪費時間在社群媒體上，專心致志執行任務——大開殺戒，盡可能殺死最多的人。伊斯蘭國許多高階指揮官——如下達指令在巴黎和伊斯坦堡機場發動攻擊者——的特色，是不被使用社群媒體所麻痺。他們也不會因為談判而少殺些人。

許多「中學」槍擊事件攻擊者則是在暴力幻想下犯案，他們經常已經精神不正常，談判通常不在劇本之內；而凶手在腦子裡可能已經把自己的劇本彩排好幾次。不過，這一級的歹徒可能沉溺在怪異的社群媒體貼文當中。

那麼受害者使用社群媒體又是怎麼一回事？我深怕我們得從某些完全可以理解的誤判——往往有人因此喪生——去汲取教訓。這也是為什麼我要寫這本書的原因。我希望大家為最壞的狀況做好準備，希望我的建議可以救人性命。

二、受害者使用智慧型手機

聽說有些人陷身恐怖攻擊事件時第一反應不是閃避或逃跑，而是在推特推文，或是拍攝視頻；這令人很困惑，但也不奇怪。我不準備評論這究竟是好事或壞事。

你的智慧型手機或社群媒體可以是救命工具，也可以是你的封棺釘子。這全視在什麼時候、什麼地方使用它而定。有些使用方式，我不會批評，譬如有些人被扣為人質，或受了重傷，他發簡訊或推文向親人永別，最後一次表達愛意。然而，恐怖事件剛發生的頭幾秒鐘是不能浪費的。請各位好好利用那寶貴的時間尋找掩護、評估情勢，以及省思我在其他章列舉的各項演練。別浪費這些無可取代的時間去搞什麼上傳。請控制你直覺就要打開社群媒體的反應。如此一來可能救你一命，也救別人性命。有發生過一些實例，人們在側錄槍擊事件視頻時負傷或被殺。所以我要呼籲大家不要虛耗精力和寶貴的幾秒鐘拍照、攝影。

我相信這是一種症狀。我在伊拉克服役期間奉命武裝保護採訪媒體時，首次見識到這種現象。攝影記者經常似乎覺得他們超凡入聖，拿著鏡頭就像脫離戰場現實。我看過他們在槍林彈雨中站起來，顯然不顧一切、拚命按快門。他們似乎不知道「攝」這個字的意思是拍照，但還有另一個同音字——射，開槍，一槍斃命。

通常得等到子彈打到旁邊某人，或者像我伸手抓他們退下、找掩護，才把他們拉回到現實。

我猜想拿著手機拚命拍攝的人得了一種「鏡頭症候群」毛病。他們似乎相信沒有任何東西傷得了他們，彷彿他們根本不在現場；他們透過鏡頭的「安全」觀察事態在眼前展開。然而，手機的照相機功能並不能保證你的安全，它肯定不能防彈。只要你在拍照，就是浪費可以花在做我的建議、可以賜予你活命的寶貴時間。

毫無疑問，這是一個很複雜、多層次的問題。舉例而言，在巴黎巴塔克蘭夜店放輕鬆、享樂的一群人，同時運用手機在拍攝樂隊演奏。槍手發動攻擊時，大多數人以為槍彈聲只是舞台音響效果，製造氣氛，並不是自動武器在傷人。他們不知道自己正在遭遇致命攻擊，直到周圍開始有人因傷、因死倒地，某些在拍照的人也死了。這完全可以理解——事情來得太突然，他們來不及反應。

活下來就是英雄

奧蘭多脈動夜總會的情形也一樣。有個年輕女子正在拍攝人群中的朋友，她似乎從眼角餘光注意到某種異狀發生，回頭要拍攝，下一秒鐘就死了，手機還在攝錄。她怎麼會曉得一瞬間就殞命了呢！在這種情況下，受害者可能才舉杯就口要喝，就被殺了。這是無法控制的悲劇。

我的建議是把手機放在口袋裡。只有在你能相當安全使用它時才掏出來，以改變你的處境，或是向警方報告、協助。

現在我要轉移焦點到一般大眾的社群媒體互動這個主題上，這些民眾是恐怖攻擊事件的旁觀者。

事實上，在槍擊事件進行中、或是結束後的社群媒體消息傳遞，可以從不正確、誤導，變成非常有利於歹徒。我們已經知道，大開殺戒的凶手可能在殺戮中稍停，檢查臉書或推特上的網友交談。在這一刻，民眾的社群媒體對話完全無助於警方，甚至嚴重影響受害者及可能的受害者。

三、民眾使用智慧型手機

二〇一五年十一月四日加州聖地牙哥發生一個案例，警察獲報登門處理家暴事件，可是警察才剛到，立刻遭到強大火力步槍的持久攻擊。

警察撤退，建立防堵線，歹徒則移動到他的公寓大樓屋頂，找到制高點，俯瞰附近街坊，開始隨機濫射。警方立即透過推特警告居民離開窗戶，然後展開了五小時的對峙。

令治安單位大為震驚的是，社群媒體上竟然出現大量圖像顯示警方布置狙擊點要對付槍手。民眾實質上變成槍手的眼線，洩露警方的策略和位置。

聖地牙哥警察協會氣急敗壞，不禁發出推文：「能否請網民停止暴露警察的位置和行動！」警方也要求媒體節制，不要報導即時新聞反而協助槍手掌握狀況。

聖地牙哥案並不是獨立事件。二〇一三年四月，波士頓馬拉松路跑活動不幸遭遇炸彈客攻擊，警方布下羅網追捕逃犯德佐卡・查納耶夫（Dzhokhar Tsarnaev）。這明顯是瘋狂殺戮事件；四月十九日，搜捕行動仍在進行中，但波士頓警察局實在受不了一件事，而透過社群媒體發布媒體警告。

它說：「請勿播報已經被搜查的房子位置而危及警員安全。」

社群媒體上所謂的公民記者，加上專業傳媒機構一直在追蹤報導警方搜捕查納耶夫的一舉一動，洩露警方的活動位置。很顯然這裡涉及到美國憲法第五條修正案保護的權利，但是問題關鍵不在是否有權利拍攝警方活動，問題應該是：關心權利、負責任的公民在事件發生的同一時間運用這些材料是否明智。

我對旁觀正在發生中的恐攻事件之民眾，只有一個建議：請勿使用社群媒體提供在你視線之內正在進展的事情之評論。

請勿助紂為虐，幫了槍手大忙，他可能也在監看社群媒體，搜尋這類資訊。請勿不負責任的使用社群媒體，危及到執法人員及可能的受害者之性命。別在網路上嗑牙、說閒話。

人命關天。推文之前先用用你的大腦。

如果已經宣戰，而你傳遞類似友軍位置的高品質情報，成為敵人的前哨眼線，你會被當做間諜槍斃的！

智慧型手機可以是救星也可以是詛咒。請壓制下現代人膝反射式的反應，在攻擊進行中還在用手機拍照或自拍。

　　如果你位於可靠的掩護，或許可以運用它們向警方通報，但千萬不要不顧一切這麼做。如果你躲起來——譬如躲在辦公室或教室，把手機轉到靜音。如果你正從鄰近樓房觀看正在發生中的槍擊事件，請勿在社群媒體上貼文，你可能幫助歹徒獲悉警方部署的資訊和圖片。

第十章

記取歷史教訓

理論與過去的濫殺事件結合

本章將要檢視世界各地所發生的一些血淋淋恐怖攻擊。其中大部分惡名昭彰、家喻戶曉。它們像是可怕殺戮和破壞和平的目錄，但是，在這些悲劇當中出現人性的光輝，彰顯勇敢、希望和反抗。

它們生動的證明，我在本書所教的不只是理論或空中畫餅。我在本書試圖傳遞的所有訊息，都有這些抵抗炸彈客和槍手的個人之英勇行動可做佐證。

我按照攻擊發生的不同環境分別敘述它們，以便反映不同的挑戰——譬如，發生在學校和電影院，就需要不同的應對策略。希望大家能從本章敘述的英勇和創意汲取教訓，發揮力量和勇氣。

一、大街上和購物中心

發生在購物中心和大街上的攻擊，其造成的恐怖、混亂和別的地方沒有兩樣。在這種地點傷亡人數很大，但是這種環境也有最好的機會能報復槍手。

大街上和樓層多的購物中心，是迅速布置抵抗地帶和阻擾的理想地方。兩者都散布一些可能的武器，供有心抵抗的人隨機運用。和電影院這類密閉空間相反，它們也提供更多機會逃跑和閃躲，雖然許多人會遭槍手傷

害，能夠倖活的人也比較多。

我將分析幾個著名的慘劇，以說明逃跑和反攻的兩難和可能性。

◉ 肯亞奈洛比水門購物中心 二〇一三年九月二十一日

索馬利亞伊斯蘭主義團體青年黨（al Shabaab）在水門購物中心（Water-gate Shopping Mall）發動大規模攻擊。本地富人和西方遊客喜愛光顧這個高檔購物中心。攻擊持續幾個小時，造成六十七人喪生，一百七十多人負傷。槍手在混亂中潛逃無蹤。

儘管表面上看，執法單位處置失當，人員傷亡慘重，但水門購物中心慘案有某些重要教訓特別值得美國人學習，尤其是因為肯亞也發放私人攜槍許可。

有位居住在肯亞首都奈洛比的外國公民領有攜槍執照，得以干預這次攻擊。這個人是英國皇家陸戰隊特戰部隊退伍的菁英軍人，身懷一枝半自動手槍。有張照片顯示，他手槍插在腰帶上，領著一名婦女、一名小女孩逃出購物中心。據信，她們是他的妻女。目擊者說，等家人安全之後，他回到殺戮現場，領導十多次突襲，以火力掩護救出一百多名受困民眾。這正是你所預期受過高度訓練、又有強烈動機的個人的英勇行為。

　　水門購物中心事件另一位英雄是肯亞前任國防部長的兒子阿布都·哈吉（Abdul Haji）。他接到身陷購物中心內的弟弟傳來簡訊，立刻趕到現場，憑著他的手槍掩護紅十字會人員救出傷者。然後他陪著他們進到二樓停車場，與五位武裝男子會合（其中有三人是便衣刑警，有一人腹部已經中槍）。這支臨時隊伍逐店救人，然後回到一樓，與槍手交戰。阿布都在購物中心逗留三、四小時，協助民眾從廁所、銀行和漢堡餐廳逃出。他的弟弟在過程中也設法逃出。

　　西門購物中心事件完美的證明領有攜槍許可的公民如何介入而扭轉局面、拯救無辜。

◉ 伊斯蘭國炸彈：德國紐倫堡安斯巴赫音樂節　二〇一六年七月二十四日

　　安斯巴赫（Ansbach）夏日音樂節遭受恐怖攻擊，有個人憑著本能救了數十人性命。

　　人在現場的大門警衛巴斯卡·波姆（Pascal Bohm）銳利的眼光，完美代表我們在第二章所介紹的「情勢察覺」技能。他注意到一名男子穆罕默德·達里爾（Mohammad Daleel）形跡可疑；達里爾是來自敘利亞的難民，已經被查明的事實是，達里爾在敘利亞曾與伊斯蘭國作戰，負傷，在德國接受醫治。不過達里爾

對接納他的德國毫無感恩之心，他在背包裡藏了炸彈，出現在音樂節現場。可是，他沒有精心考量計畫，居然忘了買門票。

二十五歲的波姆不喜歡達里爾的樣子，一再不准他進場。即使如此，達里爾仍然在入口附近流連，此時場內已有兩千五百多名民眾欣賞著音樂。

波姆後來說：「達里爾似乎希望我會下班，換別人守門，而輪班的警衛會讓他入場。他不斷和別人通電話，而且以手遮住耳朵聽電話；他也不斷神情緊張的瞪著我；每個動作都很驚慌，而且不時張望是否受人注視。」

這位警衛對達里爾的肢體語言判斷絕對正確，如果達里爾沒有離開音樂會入口，波姆一定會向警方通報。

事後證明波姆的懷疑證明太正確了，因為達里爾離開音樂會入口，轉到附近一家餐廳，在門外引爆背包炸彈。達里爾當場身亡，但也許該說萬幸只有十五人受傷——他若是進入人潮洶湧的音樂會會場，傷亡人數勢必不只如此。

毫無疑問，波姆敏銳的情勢察覺壞了炸彈客的大事。達里爾氣餒之下捨棄目標豐富環境，轉移到另一個地點。事實上，他是唯一喪命的人。

◉ 隨機槍擊事件：亞里桑納州土桑
   二〇一一年一月八日

這事件傷及備受敬愛的著名國會眾議員蓋布瑞兒‧姬福特（Gabrielle Giffords），它教會我們許多寶貴的教訓。

姬福特眾議員借土桑市的磚屋超級市場停車場舉辦與選民對話的活動。活動進行中，一位精神分裂症患者、二十二歲的土桑市居民傑瑞德‧李‧勞納（Jared Lee Laughner）掏出手槍，打中姬福特頭部。此後，他開始朝她四周的群眾開槍，殺死六個人，打傷二十人。死者包括聯邦地區法院院長約翰‧洛爾（John Roll）、姬福特的一位幕僚和九歲的小女孩克莉絲汀娜‧泰勒‧葛林（Christina Taylor Green）。

這時候，出現了不起的群攻抑制住勞納，制止了下一波槍擊。有個不願透露姓名的男子抄起一張椅子，往勞納背部砸下去。接下來，七十四歲的陸軍退役上校比爾‧貝吉（Bill Badger）看到克莉絲汀娜被殺，氣憤不過，猛然衝向勞納。比爾‧貝吉衝過去時，挨了一槍，頭部後面受傷，但是老兵受過的訓練使他抓住勞納的手腕，往他手肘扭過去。勞納被推倒地，可是仍然企圖換彈匣。

　　這時另一位婦人聽到有人喊：「搶他的彈匣！」也加入行動。六十一歲的派翠霞・麥許（Patricia Maisch）毫不遲疑的從勞納手中搶走彈匣，後來他的武器也被人搶走。

　　比爾・貝吉和另一位先生羅傑・沙茲伯（Roger Salzgeber）把勞納壓制住。老上校用鎖喉術扣住他，而派翠霞也抓住他的腳踝。

　　這時候，領有攜槍執照的男子喬伊・札穆狄歐（Joe Zamudio）正在附近一家商店，聽到騷動聲，跑了過來。札穆狄歐趕到現場給了我們一個很好的示範——明白一個人要在正確的時間做出正確的事。札穆狄歐已經拉開他半自動手槍的安全防護，但是把槍放在口袋裡，其他人看不見。他看到勞納倒在地上，有個老人家站在上方。老人家手裡揮舞著一把槍，顯然昭告大家他是槍手。札穆狄歐的手指頭已經到了扳機位置，他只有一瞬間就要做出決定，但是直覺告訴他，再等一下。

　　他沒有開槍，衝向掙扎成一團的幾個人，並試圖從老人家手裡搶下槍械。這時候，旁邊的人向他大喊地上那個年輕人才是真正的槍手。

　　札穆狄歐發現他當時很可能殺了無辜的人，事後他坦承：「我可能犯了錯，傷害更多人。」

另一方面，派翠霞 · 麥許的英勇不僅於此，她趕緊找來紙巾壓住比爾 · 貝吉頭部的傷口。旁邊的急救人員則拚命搶救姬福特。姬福特的一名實習生、二十歲的丹尼爾 · 賀南德茲（Daniel Hernandez）看到現場死傷慘重。

「我趕快開始就我所知進行有限度的急救。」賀南德茲說。

賀南德茲拿從店裡抓來的汗衫當做繃帶，按住她的傷口。在這個「戰場」急救中，姬福特還有意識，在他不斷問「你能聽到我說話嗎？」時，能夠捏他的手。

我們要向這些人致敬：在現場立刻施救的急救人員、勇敢和槍手搏鬥的英雄，以及本身意志堅強、熬過傷痛、復原的姬福特眾議員。二〇一六年，她重新站上民主黨全國代表大會講台，發表令人激奮的演講。

勞納在二〇一二年十一月被判處無期徒刑，終身不得假釋。但是不幸的是，土桑事件之後四年，英勇的比爾 · 貝吉因肺炎去世，享年七十八歲。願他安息。

我們從土桑這起事件學到，本書第五章介紹的群攻戰術可以非常有效，但是它需要有人帶頭點火。在這個案例，一位匿名英雄拿起椅子砸下去，然後老兵比爾 · 貝吉發動攻勢。

土桑事件也告訴我們，第八章所介紹的現場快速急救可以奏效。毫無疑問，姬福特眾議員的性命是她那位冷靜的實習生賀南德茲所救。他，以及搶救比爾‧貝吉的派翠霞‧麥許，都進行了非常重要的止血動作。他們凸顯了人人需要參加「止血運動」的課程，大家應該學習心肺復甦術，以及施壓止血、製作止血帶的技能。

我們也可以從札穆狄歐的行動中學習，他的行動可以做為教科書典範。札穆狄歐已經準備好動用武器，但是先讓它留在眾人視線之外，如同我在第七章的建議。他保持冷靜，做出正確判斷。

◉ 卡車攻擊：法國尼斯
二〇一六年七月十四日巴底斯日

那天晚上約十點三十分，一名伊斯蘭國恐怖分子開著一輛十九噸的大卡車，衝撞在法國南部城市尼斯慶祝國慶日的民眾。

這個恐怖分子拉賀阿濟‧布赫爾（Lahouaiej Bouhlel）以時速五十英里駕著大卡車橫衝直撞半個小時。他毫不留情的衝撞人群，輾過好幾台嬰兒推車，殺死嬰兒。總共造成八十四死、二百零二人受傷。布赫爾遭警方格斃才停下車，另有五名共犯遭到逮捕。據信他

嗑了伊斯蘭國戰士鍾愛的藥物芬乃他林（Captagon），這是一種強烈的興奮劑。

你或許會認為歹徒開了大卡車橫衝直撞，除非射殺駕駛，否則恐怕大家都無能為力。然而事實上，有兩個勇敢的高速攔阻的英雄制止了恐怖分子。

第一位是摩托車騎士亞歷山大・米古（Alexander Migues）。直到他看到駕駛員故意衝撞路人之前，他還以為卡車煞車失控。在可以媲美電影特技演員的一幕驚悚演出中，米古開著他的摩托車在卡車司機的副駕駛座一側急駛，抓住門把，跳上去。摩托車摔進卡車底下，使它車速大減。恐怖分子朝他開槍，米古被迫跳車。另一個人也把他的摩托車甩進卡車底下。

一位女警員乘機跳上去，抓住駕駛員手中的手槍，另兩名警員將他格斃。

米古事後說：「我看到卡車輾過一名女士。然後它開下人行道，也想把我壓死。我一下子直覺反應上身，我現在也無法解釋我怎麼會開始追著卡車跑。我只覺得我必須做些什麼。」

我不知道我還能說什麼。我只能說，大難臨頭時，不論男女，勇氣和決心油然而生。

二、度假勝地

度假勝地是恐怖分子喜愛的目標。海灘是典型的目標豐富環境，不會有太多可供掩護的地方。如果你看到凸出的岩塊或是鄰近旅館的欄柱，記得設法跑過去尋求掩護。海灘的窪地可以是有效的死角掩護，因為子彈的力道很快會被沙子抵銷。海灘遮陽傘的下端可以做為護身長矛。

如果歹徒用利刃攻擊，你可以用椅子抵抗。如果你們人數夠多，也可以重擊他。

◉ 隨機槍擊事件：突尼西亞蘇塞市海灘度假中心 二○一五年六月二十六日

伊斯蘭國槍手賽費汀・雷茲桂（Seifeddine Rezgui）攻擊歐洲遊客喜愛的蘇塞市某個海灘度假中心，造成三十八人死亡，其中三十人為英國籍遊客。

二十四歲的雷茲桂顯然是由共犯開一艘小艇把他送到海灘。他混入遊客之中，然後從一處折疊起來的海灘遮陽傘取出預先藏好的一支攻擊型步槍開始射擊。這名槍手有吸食古柯鹼，也丟擲手榴彈。

攻擊事件中發生一些相當可敬的干預行動。旅館員

工和海灘小販在海灘組成人牆，不讓雷茲桂前進。他們跟雷茲桂都是穆斯林，他不願殺害他們，所以放棄數十個可能的受害者，轉身攻擊附近另一家旅館馬哈巴（Marhaba Hotel）。雷茲桂穿過建築物，現身於一條通道。

他已經不分青紅皂白打了四個彈匣，殺死三十八人，另有數十人受傷。這時候，五十六歲的本地建築工人孟沙夫・馬耶爾（Munsaf Mayyel）正在和馬哈巴旅館平行的這條通道上方修屋頂。

馬耶爾拿起手邊好幾塊屋瓦從上方往殺手猛砸。

有一塊屋瓦砸中雷茲桂腦袋，使他仆倒在地。昏頭轉向的雷茲桂好不容易站起來，朝上開槍，試圖射殺他沒看見的對手，突尼西亞警察已經堵在通道另一端，趁機開槍格斃雷茲桂。後來馬耶爾回想，自己朝殺手破口大罵：「你這恐怖分子！你這隻狗！」

建築工人孟沙夫・馬耶爾從上方突襲槍手，是阻撓槍手殺戮節拍的完美範例。在這起攻擊事件中，它也直接幫助警方撂倒恐怖分子。

◉ 炸彈兼槍擊：挪威奧斯陸
二〇一一年七月二十二日

從許多方面來看，右翼極端分子安德斯・布瑞維克（Anders Breivik）進行所謂的「孤狼」攻擊，代表冷血規畫及執行大規模屠殺的完美風暴。

他先以汽車炸彈攻擊挪威首都奧斯陸總理辦公廳隔壁的大樓。八人當場死亡，另有兩百多人受到程度不等的傷害。當局被這個攻擊鬧得手忙腳亂，但是這只是主戲之前的序曲。警方還在研判要從哪裡開始調查之際，布瑞維克開車前往首都西北方二十五英里外海邊一個小島。

執政黨勞工黨正在他要前往的目的地——尤托亞島（Utoya）舉辦青年夏令營。布瑞維克身穿自製的警察制服，亮出假證件，搭上渡輪前往尤托亞島。當他抵達時，對夏令營的兩位指導員謊稱奧斯陸剛發生炸彈爆炸案，他來做例行檢查。布瑞維克一開始就先幹掉他們兩人，然後大開殺戒，造成六十九死、一百一十人負傷（其中五十五人重傷）的慘劇。

當他射殺島上青年時，發現有人游泳逃跑，於是掉轉槍口射擊水中逃生者。島上其他傷者裝死，他還回來

——補槍、打死他們。

有人躲到樹林、廁所和淋浴間。有人躲到海邊岩塊區，也有人涉水到海中洞穴躲藏。另有一大群青年，大約五十人左右，躲在島上一所學校，由於布瑞維克無法突破沉重的大門，這些人僥倖逃過一劫。

島上血雨腥風之際，出現我從所有恐怖攻擊事件聽到、最振奮人心的一則故事。有兩個居住在挪威的車臣裔青少年表現出令人欽佩的絕大勇氣，他們是十七歲的莫夫沙・澤哈馬耶夫（Movsar Dzhamayev）和十六歲的魯士丹・陶多夫（Rustam Daudov）。當天的事件使他們鮮明的回想起祖國可怕的戰爭。

「我年紀還小時，就在祖國看過有人被殺，一幕幕又回到我腦子。」澤哈馬耶夫說。

他和父親透過手機通話，這一番對話使他大膽無畏，決心放手一搏。想必過去的經驗讓他父親非常理解兒子當前的處境。

「我父親告訴我：『攻擊歹徒，要小心。』」澤哈馬耶夫說。

他們倆又找了一位朋友，備齊石頭當做武器。三人回到現場，看到布瑞維克又射殺一名青少年。

陶多夫說：「我們站在離他三公尺的地方，想要揍他，但是他一槍打中我們朋友的腦袋。因此我們只能丟出石頭，趕緊逃命。」

這時候他們認定，要公然攻擊布瑞維克太困難。於是他們找了一個洞穴，把二十三名孩童藏起來，自己在外面站崗。非常了不起的是，澤哈馬耶夫另外從冰冷的湖裡救起三名差點溺死的青少年。布瑞維克還在島上獵殺無辜之際，當地百姓也開船英勇從湖水中救起約一百五十名青少年。

當重武裝的警察終於姍姍來遲、來到尤托亞島上時，布瑞維克竟然放下武器，馴服的投降。目前他已被定罪服刑中。

醫療救助也是姍姍來遲，由於倖存者缺乏第一手急救的知識，許多人傷勢惡化。

警方在這起事件處置失當，罄竹難書。奧斯陸城裡發生大爆炸之後，有位市民發揮第一流的「情勢察覺」本事，警方卻未能及時行動，才是最不可原諒的嚴重失職。這位市民發現有個人身穿警察制服，手中握著槍，進入一輛沒有標記的汽車。看起來有點不對勁，於是他打電話到警察局，甚至提供汽車牌照號碼給值日官。

可是警方監控中心二十分鐘之後才讀到報告，又隔

了兩個小時，才把汽車牌照號碼通報全面緝察——這時候布瑞維克已經在島上大開殺戒。在事件周邊地區的民眾能夠有警覺，主動報告，正是警方最需要的全民配合，也是我一向推崇的作法。然而，警方在這個個案中全部當掉，實在有夠可恥！

尤托亞島事件和其他許多案例一樣，給了我們慘痛的教訓：千萬需要有如那位機警市民的情勢察覺，也要加強基本的醫療急救知識。

但是我個人認為，兩位車臣裔青少年的表現最能彰顯本書強調的主旨。我只能想像少年英雄澤哈馬耶夫的父親會怎麼告訴他：「攻擊歹徒，要小心。」

三、學校

中學和大學校園是最令人痛心的槍擊案件悲劇現場，當然小學也是，因為家長把他們心愛的孩子交付給一個公認安全的環境。

最顯而易見的事實就是，如果槍手突破學校的安全防護，災情就十分慘重。我們會看到某些年輕人生命畫下休止符，也有許多人心理上、生理上遭受重大創傷。

在少數幾個案例中，小朋友雖然還不明白概念，卻

已有相當英勇的表現。老師是他們的保護盾；我們一再看到老師挺身而出，做為勇氣和無私的人性之燈塔。我們也經常看到老師挺身面對恐怖分子，不惜性命保護年輕的生命。

在高中和大學，學生已經可以保衛自己。如果他們已經學會團結起來，以及具備從守勢變為攻勢的基本知識，就更有自衛能力。他們也能提供醫療急救的重要協助。以下我將檢視三起學校遭受攻擊事件，提出可以學習的教訓。

◉ 隨機槍擊事件：英國蘇格蘭鄧布蓮小學 一九九六年三月十三日

某個春寒料峭的早晨，四十三歲的「魯蛇」湯瑪斯・漢彌爾頓（Thomas Hamilton）離開史特靈市住家，開車五英里，來到小鎮鄧布蓮。他在約上午九點三十分來到這所學校門口，掏出一副鑷子，剪斷電話纜線，斷絕通訊。然後漢彌爾頓穿過停車場，從體育館旁邊的入口進入學校。他身上帶了四把領有合法執照的手槍，開始射殺小一學童。

當他揮舞著手槍走進來時，體育館裡有二十八位小朋友和三名教職員。老師艾蓮・哈麗德（Eileen Harrild）擋住他——他立即開槍。

他打傷了她，但是她勇敢一擋，使得漢彌爾頓心慌意亂，開始隨便開槍。艾蓮·哈麗德雖然手臂、胸部中了三槍，仍然設法指引幾個受傷的小朋友躲進儲藏室。

這時候，另一位老師桂英·梅友（Gwen Mayor）已經中彈身亡。在場另一位成年人瑪麗·布萊克（Mary Blake）是學校助理，也被打中頭部和雙腳。但她設法引導幾位學童躲進儲藏室。

鑑識人員後來拼組起來，漢彌爾頓在幾步之內開了二十九槍，殺死一名學童，也打傷好幾個學生。凶手旋即走向體育館另一頭，然後又折回，連開十六槍，在近距離之內打死剛才打傷的幾個小朋友。

漢彌爾頓走出體育館，穿過防火巷，進入圖書館的衣帽間，一路上胡亂朝人開槍。老師凱撒琳·高登（Catherine Gordon）正在隔壁的教室，囑咐學生趴到地上。說時遲那時快，漢彌爾頓朝教室打了九發子彈。子彈打中書本和一分鐘前還有學生坐著的一張椅子。幸好凱撒琳·高登頭腦轉得快，救了好幾位班上學童，大家才沒被打死或重傷。

漢彌爾頓可能醒悟自己鑄下大錯。雖然他身上還有七百多發子彈，但他走回體育館，飲彈自盡。總共十六

名學童和老師遭到殺害，另外打傷十六人——整個經過只有三、四分鐘。

很顯然，這所鄉下小學校老師們反應快，其無畏的勇氣是人人的典範。她們以生命保護學童，是真英雌。

不過，鄧布蓮市還有另一位英雄。在那個要命的早晨，等著進入體育館上下一堂課的學童裡還有位當時八歲的安迪・穆瑞（Andy Murray）。

二〇一六年，這位安迪・穆瑞已經是二十九歲的網球超級明星，贏得第二座溫布頓網球冠軍獎盃和第二座奧林匹克金牌。他在充滿感性的專訪中，第一次談到學校許多師友不幸喪生的那一天；他想要回報家鄉，還給小村莊希望與榮耀。

社會中經常談到經歷槍擊或爆炸事件後，會出現「後創傷壓力失序」症後群的不幸結果。但是我寧願想到鄧布蓮故事和安迪・穆瑞的角色是鼓舞希望的寓言。這是我們努力生存、排除萬難想要達到的境地。

◉ 隨機槍擊事件；康乃狄克州新鎮，桑迪 · 胡克小學二〇一二年十二月十四日

數不清的調查都無法理解亞當 · 藍薩（Adam Lanza）在桑迪 · 胡克小學（Sandy Hook Elementary School）殺害二十名六、七歲小學生和六名成年人的動機。二十歲的藍薩先在新鎮的家裡殺害母親南希，然後締造美國史上最凶殘的校園殺戮事件紀錄。

藍薩或許有某種扭曲的念頭，想成為留名歷史的人物。不過，我個人寧可專注於阻擋他惡行的英雄，有些人直到今天仍堅持不對外透露自己的姓名。第一位無名英雄一聽到槍聲，立刻打開學校的內部廣播系統，讓教職員都獲得警告。

二十六條性命遭到冷血殺害，但若不是這位無名英雄及時警告校園正在發生致命危險，究竟還會再增加多少無辜冤魂呢？不論是哪一位按下開關，播放警告，就如我一再說的，在槍擊事件中分秒必爭，每一秒鐘都可以拯救性命。

桑迪 · 胡克小學的老師狄奧多 · 瓦嘉（Theodore Varga）當時在學校裡，他生動的描述：「不論是誰按下『內部廣播系統』開關都救了很多人。學校裡每個人都聽到恐怖事件在進行中的警告。」

這正是我在第四章所提到，擾亂殺手攻擊型態的一個漂亮、不凡的範例。另一位無名英雄——誰曉得？說不定就是同一位——是一名學校導護，他不顧自身安危，奔向教室，逐間報訊。

據狄奧多・瓦嘉的說法，這位勇敢的英雄大喊：「你們大家！趴下！快躲！」

四十七歲的校長道妮・賀奇史普隆（Dawn Huchsprung）從會議中奔出來，阻擋藍薩。她指示其他教職員躲起來，自己站上火線驅趕凶手；她的勇敢使她送了性命。

她代表了我在第五章討論對抗及攻擊殺手時提到的大無畏勇氣。

藍薩殺了校長後，轉向教職員們躲藏的會議室。會議室的門沒有鎖，因此有位女老師以身體頂住門。藍薩氣憤推不開門，開槍射門，打中這位無名英雌的腿和手臂，可是她仍然打死不退。這樣的勇氣正是啟示本書的哲學。

不久之後，二十七歲的小一老師維多莉亞・雷・索托（Victoria Leigh Soto）因為故意亂指學生在體育館裡，在她的教室裡被藍薩打了一槍。她的一些學生嚇壞了，從藏身之處跑出來，藍薩開始射殺他們。維多莉亞

毫不猶豫，擋在凶手和學生之間，為學生犧牲了性命。

在充滿了勇氣的這一天，她的勇敢尤其突出。身後，她獲得總統頒授公民獎章。維多莉亞・雷・索托犧牲生命保護她班上學生，但是她打亂殺手的節拍，替其他人爭取到寶貴的幾秒鐘。

另一位小一老師凱特琳・羅格—狄貝里斯（Kaitlin Roig-DeBellis）命令班上十五名學生躲進一間只有三英尺長、四英尺寬的兒童廁所。空間太小，她還把小朋友堆到水箱上。

當警察趕到時，她拒絕開門，他們必須找鑰匙來解救全班學生，學生完全平安無傷。她做了絕對正確的事——等候警察從門底下塞進來證件。否則，假設是槍手試圖騙你開門。

音樂老師瑪麗羅絲・柯里斯多皮克（Maryrose Kristopik）隨機應變，把二十名學生分別藏在幾個櫥櫃和樂器（如木琴和大鼓）的凹處裡，再拿東西遮掩。然後她頑固的堅守門把，不讓人進來，儘管凶手在外不斷敲門叫囂：「讓我進來！讓我進來！」

桑迪・胡克小學的老師們不斷展現她們最堅強的決心，要阻礙殺手的意圖，她們身負保護小朋友的責任，不能逃跑和躲閃。該事件在五分鐘之內落幕，凶手

藍薩以手槍自殺。在那五分鐘之內，有些英雄／英雌存活下來，有些則不幸喪生。

所有犧牲者勇敢赴死，展現他們不是綿羊，不會輕易受宰殺。

◉ 槍擊和炸彈：科羅拉多科倫拜，科倫拜高中一九九九年四月二十日

科倫拜高中慘案之所以突出，是因為兩名應屆畢業班學生為了傷害自己的學校，訂定出詳盡的計畫。他們計畫的主幹就是盡情開槍殺人。不過，艾瑞克・哈理斯（Eric Harris）和狄蘭・柯萊勃德（Dylan Klebold）也引爆許多土製炸彈，設法誘開警察。

等到他倆在校園自殺之前，已經殺害十二名學生、一位老師，打傷另二十四人。警方只能從他們的日記去判斷他們的動機，警方發現他們兩人自信心極低，而且希望能媲美奧克拉荷馬市大爆炸案及其他慘劇而留名歷史。

簡單講，他們希望一夕爆紅——而且出於嫉妒心，希望殺死盡可能多的校隊運動明星，來個同歸於盡。他們一開始就鎖定「運動健將」動手。有個女生發現這一點，撲向一個汗衫上貼著球隊標記的男生，要他趕緊把標記遮起來。

被殺害的老師大衛‧桑德斯（Dave Sanders）拯救了幾個學生的性命，他把他們拖離火線，甚至把一名已經負傷的男生拖到掩護處，以免再挨一槍。他不斷救人，直到自己挨槍倒下，臨死前還告訴照料他的學生：「拜託轉告我女兒，我愛她。」

十五歲的丹尼爾‧李‧羅賀巴（Daniel Lee Rohrbough）死後也被追諡為英雄。他替同學拉開門，讓大家逃，自己卻來不及跑而中彈身亡。鍾‧柯帝士（Jon Curtis）和傑‧賈蘭汀（Jay Galantine）這兩位清潔工人也很勇敢，奮不顧身在餐廳裡引導學生躲藏。

十八歲的應屆畢業生亞當‧佛斯（Adam Foss）也是關鍵人物。他和其他六十名學生在二樓合唱團練習室裡，槍手往他們方向逼近，他斷然下令大家退到隔壁的辦公室，有人已經嚇呆了，他組織幾個高年級學生扶著他們移動。等到大家都進到辦公室，他又指揮建立臨時工事做掩護。佛斯家族一定有臨危不亂的基因，因為他的雙胞胎兄弟尼克（Nick Foss）在校園的另一端，正在冷靜的替兩個負傷同學急救。他發現自己已經無能為力了，不料一抬頭，眼前赫然是一把獵槍槍管朝他開槍。但算他命大，沒打到他，後來尼克又繼續救了一名廚師和幾位學生，把他們帶到安全處所。

機靈的科學老師肯特‧傅瑞生（Kent Friesen）把

學生拉進一間教室，卸下緊急照明燈的燈泡，創造黑暗區來阻撓槍手。然後他蒐集乾式化學劑滅火器，準備槍手若是進來就跟他們拚了。另有許多師生和兩名消防隊急救人員因為冒險犯難、勇敢救人而被表揚。

科倫拜事件告訴我們，人若踏實思考可以打亂槍手的節奏和步調，讓其他人有時間逃命。其中肯特‧傅瑞生急中生智，自己悟出來反擊之道——滅火器的確是上等武器。

四、電影院

受到攻擊時，電影院是一個很糟糕的環境，一大堆受害者排排坐，像是遊樂場射鴨子遊戲裡等著被打的鴨子。電影院一片漆黑，也讓殺手動手前極容易隱蔽形跡。

此時最好的建議是先躲到座位下，搞清楚槍手位置在哪裡？他往哪個方向移動？槍手若是站在主要走道的制高點，他可以看到什麼人試圖從緊急出口逃跑，一般而言他都會朝他們開槍。

在這個情境下，只要你位於他的六點鐘位置，就應該試圖衝撞他，跟他拚了。

◉ 隨機槍擊事件：科羅拉多奧羅拉市電影院 二〇一二年七月二十日

奧羅拉市「世紀十六電影院」正在播映《蝙蝠俠：黑暗騎士黎明升起》午夜場，一名身穿作戰夾克的槍手向觀眾席投擲催淚瓦斯，並且用各種武器朝群眾濫射。

槍手詹姆斯・伊甘・賀姆斯（James Eagan Holmes）造成二死七十傷的慘劇，而他自己毫髮無傷。他穿著類似特攻隊警官的制服，但是一走出電影院，就在車上束手就擒。

這起事件導致爭議，因為「世紀十六電影院」訂了不准持槍進入的規定，許多人因此聲稱若是准許合法領有攜槍執照的人持槍進場，可能就可以早一點終結殺戮。二〇一五年八月，賀姆斯被判十二個無期徒刑，終身不准保釋。

奧羅拉市慘案和其他所有槍擊事件一樣都令人感傷，無辜的人們只是出門看電影，找點娛樂，就平白斷送了性命。但是我們要從中汲取教訓。

殺手買了票進場，但是從緊急出口溜出去，他把門頂住不關，從車上拿了武器，又回到電影院。他沿著走道向最靠近他的人開槍，只要看到有人靠近緊急出口要

逃命，就射殺他們。

警方估計，凶手開槍沒超過三分鐘，總共開了五、六十槍。警方快速趕到現場，立刻識穿賀姆斯不是特攻隊警官而是凶手，馬上逮捕他。

目擊者珍妮佛‧席格（Jennifer Seeger）敘述賀姆斯如何透過緊急出口重新進入電影院。她的座位位於他最先經過的一排，他的手槍很接近她。但賀姆斯沒理她，繼續走向走道。她告訴大家趕快趴下，利用座位隱藏自己。珍妮佛‧席格立刻發覺一排又一排座位的危險性，站起來跑、擠成一團沒有用。一定要蹲下來、爬出去。

◉ **隨機槍擊事件：路易西安那拉法葉市電影院**
　　二○一五年七月二十三日

五十九歲的約翰‧郝瑟爾（John Houser）唸過法學院，開過酒吧，有複雜的精神和人格問題；他在《姐姐愛最大》（Trainwreck）這部電影日場演出時，掏出手槍，朝觀眾開槍。

拉法葉市的這家電影院有一百多名觀眾，二死九傷。和奧羅拉市慘案一樣，這起槍擊事件發生在世紀十六電影院。

郝瑟爾最先殺死直接坐在他前一排的兩名觀眾，然後連開十三槍，重新裝子彈。他從側門離開電影院，走向他的汽車。但是聽到警車呼嘯而來，他又回到電影院裡，對觀眾又開了三槍，然後舉槍自殺。

兩名警員已經在電影院附近巡邏，但是他們衝進電影院時——不到兩三分鐘——槍聲已止，郝瑟爾和受害者都已氣絕。然而，我們還是可以從無辜的觀眾發掘英雄事跡。學校圖書館員吉娜‧穆阿克斯（Jena Meaux）約了同事、英文老師艾莉‧馬丁（Ali Martin）一起看電影。槍聲響起時，吉娜把艾莉蓋在她身體下，保護好友，自己的腳卻挨了一槍。艾莉本身的腳也中槍，但是她立刻跳起來，按下火警警鈴，讓在附近巡邏的警員知道有狀況發生。

根據學校其他同事的敘述，兩位女士都說在學校演練過的 SOP 立刻浮上腦際。有位同事說，艾莉在坐下來看電影前，已經查看火警警報器的位置。

艾莉曉得，觸動火警警報會導致電影院區疏散淨空。這位同事說：「即使中彈負傷，她也非常清楚該怎麼做。」

我個人一向很小心挑選座位，不僅在電影院、在任何公共場所都是如此。我去看電影時，喜歡挑靠走道的

座位，它使我在需要有任何反應時，多出一些時間與空間。請記得「情勢察覺」一直很重要，因此在燈光熄滅前，請注意出口、火災警報器和滅火器的位置。

五、夜店及其他場合

夜總會是另一種目標豐富環境，音樂響亮，燈光令人昏頭轉向，群眾可能嗑藥喝酒等等，都有利於歹徒作案。

遵循規則。要盡可能脫離十點鐘到兩點鐘位置，進到槍手的六點鐘位置。抓起玻璃瓶或滅火器。你的最佳機會將是領導幾個人從他的六點鐘位置群起攻擊他，記得下手絕不留情，使盡洪荒之力。

◉ 槍擊事件；佛羅里達州奧蘭多脈動夜總會
二〇一六年六月十一日

二十九歲的保全員奧瑪・馬丁（Omar Mateen）對脈動夜總會發動的攻擊，是九一一事件以來美國最慘重的恐怖攻擊，締造全美最多人被一個槍手殺害的可恥紀錄。

對伊斯蘭國瘋狂嚮往的馬丁造成五十九死、五十三傷的傷亡，本身也在經歷三個小時的對峙之後，被奧蘭

多警局員警格殺。這件慘案的嚴重性和拖延時間之長，有許多我們足資學習的教訓。

馬丁靠近並進入夜總會之前，三名警員和他開火交戰，有幾十人因此得以逃命。然而，馬丁還是能夠控制住夜總會，又盡情濫射約二十分鐘。

馬丁本人聯繫警方以及一家地方電視台，表示願意「談判」，殺戮才稍微緩和；他也忙著在社群媒體上貼文。這個狀況持續了兩小時，這段期間他仍然不時殺幾個人。最後，警方調來一輛鐵甲車撞破一道牆，格斃馬丁，才結束這場對峙。

槍擊進行中，夜店保鑣、曾在阿富汗服役的二十歲陸戰隊退役軍人艾姆蘭・尤素夫（Imran Yousuf）拯救了數十人的性命。夜店裡許多人衝到俱樂部後方，大家「擠得像沙丁魚」。艾姆蘭曉得有一道門可以進出，但是大家看不到。他冒險跳進交火區，打開那道門，放出約七十個人，使他們免於罹難。

夜店客人約書亞・麥吉爾（Joshua McGill）是個護理學校學生，他躲進停車場，看到酒保羅尼・桑特（Rodney Sumter）搖搖晃晃，流著血。他把羅尼拉到一邊躲藏，然後脫下襯衫替羅尼手臂兩個傷口止血。但是，羅尼背上第三個傷口傷勢更嚴重。麥吉爾設法把這位酒保架到一輛警車上，躺了下來，讓羅尼壓在他上

面，在衝往醫院急救的路上，他從底下替羅尼壓住背後傷口。

另外兩位英雄是愛德華・索托梅爾（Edward Sotomayor Jr.）和布蘭黛・李・馬季斯・麥庫爾（Brenda Lee Marquez McCool）。前者替他男朋友擋子彈而身亡，後者則為了保護二十一歲的兒子而中彈。

除了英勇事跡之外，脈動慘案可資學習的重大教訓也不少。第一是你只能依賴自己；個別警員初步干預後，警方前後花了將近三個小時才攻打夜店。其次，你必須依賴自己的知識和基本醫療技能，撐到專業援救到達；在這種情況下，你會後悔以前怎麼沒有好好學會止血等急救知識。

所以請從今天起就學習這些技術，把它們保存在你的知識百寶箱裡，有朝一日有需要就可以派上用場。

這件慘案顯然應該有機會可以群起攻擊殺手，但是錯失機會了，我懷疑是大家缺乏這方面的知識。總而言之，在擁擠的環境，早點發動群攻都比太遲來得好。

◉ 隨機槍擊事件：法國巴黎巴塔克蘭夜總會 二〇一五年十一月十三日

美國搖滾樂團「死亡金屬之鷹」（Eagles of Death Metal）正在台上表演時，三名伊斯蘭國槍手攻擊巴黎這個著名的音樂會場地。當天夜裡，法國首都發生一系列事先協調的恐怖攻擊，這是其中一項行動。

夜總會裡有八十九人喪生、兩百多人受傷。而當天夜裡巴黎全市各地點合計有一百三十人遇害身亡。兩名槍手以自殺炸彈引爆自殺，第三名殺手被警方擊斃。

在殺戮過程中，有幾位英雄冒險對抗殺手。其中之一是警衛──我們只曉得他名字是迪迪（Didi）。根據倖存者的說法，迪迪救了約四、五百人。槍手衝過他進入夜總會時，他尾隨而進，打開緊急出口讓許多人逃命。他走出夜總會後，發現需要更多出口才夠用，又回去開門。

殺手停下來裝填子彈時，迪迪跳起來，高呼大家跟他跑。迪迪發現歹徒等著射殺從出口逃跑的人，他又再次招呼大家，率領他們退到鄰近一個公寓街區。

迪迪又好幾次跑過交火區，帶領民眾退到安全地點。倖存者說他「冷靜、有擔當」，鼓舞他們的信心。

迪迪運用他對這個地區的了解、他的「情勢察覺」，以及冷靜、細心的特質，擾亂恐怖分子大開殺戒的計畫。這些特質，再加上他的人道精神，救了許多人的性命

● 隨機槍擊事件：加州聖伯納迪諾內陸區域中心二○一五年十二月二日

聚集在聖伯納迪諾縣公共衛生局訓練班、參加聖誕節活動的同事完全不知道賽伊德・里茲旺・法洛克（Syed Rizwan Farook）和他太太塔希芬・馬里克（Tashfeen Malik）的真面目。

當天上午十點三十分左右，大約八十名員工在華德曼街租借來的宴會廳集會時，法洛克還和他們合影，然後離開，把背包留在一張桌子上。

他在差一分鐘就正午時和太太回到會場。但這次卻以伊斯蘭國恐怖分子的凶神惡煞現身，戴著雪帽遮臉，身穿黑色作戰背心，攜帶半自動長槍和手槍。他們朝群眾不分青紅皂白開槍，在四分鐘濫射下開了七十五槍。在這番經心規畫的恐怖攻擊下，十四人當場死亡，二十二人重傷。幾乎所有受害者都是背部中槍。

四分鐘恣意殺戮當中，塔希芬・馬里克還抽時間在社群媒體上貼文表示向伊斯蘭國首領效忠。然後，和

一般大規模濫殺事件不同，兩名殺手既不是自殺、也不是繼續作戰到遭警方格斃，他們逃離現場。

他們雖然人跑了，卻在背包裡留下三組管狀炸彈——挺諷刺的，是用聖誕燈連結——想要攻擊最先趕到現場的員警。但是土製炸彈製作粗陋，沒有引爆。

這對夫妻家裡還藏了大量軍火，或許以為沒有人認得出來他們，因此他們還可以再輕易的發動攻擊。但是，法洛克的同事從凶手的聲音、身材和其他特徵辨認出來是他，向警方報告他們的嫌疑。

有了正面指認，警方得以迅速查出法洛克租了一輛黑色福特休旅車，而這輛車被發現剛離開距這對夫婦住家不遠的雷德蘭茲市一戶公寓。警方後來在這戶公寓查出大量武器和炸彈，原來它是法洛克和馬里克租來做為恐怖活動基地。

警方在高速公路上發現他們倆的汽車，展開追逐槍戰，恐怖分子從休旅車後窗向警員開槍。槍戰持續一會兒之後，法洛克下車，夫妻倆還繼續和警方交火。

一名警員從法洛克十點鐘到兩點鐘位置之外接近他、打傷他，允許其他員警包圍他、幹掉他。幾分鐘後，他太太也在車內中彈。這場槍戰波及二十多名警員，總共對歹徒開了三百八十槍。

在聖伯納迪諾這起慘案中也有許多值得嘉許的英勇事跡。譬如，桑農・詹森（Shannon Johnson）無私的替二十七歲的同事丹妮絲・皮拉薩（Denise Peraza）擋子彈。他在彈如雨下的危機中留下的遺言是：「我保護妳。」

即使本書專注在手無寸鐵的平民百姓的英勇行為，我們也不應忽略警方追逐殺手時的英勇。

凶手的第一波攻擊是近距離、閃電開槍。它來得突兀、又凶猛，受害者沒有時間逃、躲或對抗。

我們可以學到的教訓如下：第一，聖伯納迪諾慘案凸顯狂熱主義的冷血特質；法洛克和馬里克夫婦當天早上出門時，把他們出生沒多久的女兒留在家裡，只說他們要出門看醫生。他們的心態非常殘忍，我從一開始就告訴各位讀者。

其他問題則涉及到今天我們的數位環境。這對夫妻覺得有必要在臉書上宣告他們效忠伊斯蘭國；第九章裡我們已經提到，越來越多恐怖主義所啟發的攻擊事件都有這個儀式性的動作。

在這件慘案中，凶手貼文對實質結果沒有任何差別。但是請記住，你可能處於一種情勢——槍手正在利用手機在社群媒體上留言。這是槍手分心的時刻，就是他罩門洞開的時刻。這個時刻就和他在更換彈匣一樣會

停下來，而你就有機會攻擊他。

另一個問題涉及到法洛克的 iPhone 手機隱私。槍擊案過了一年，聯邦調查局還不能破解它。當局請蘋果公司協助，蘋果公司不肯，聯邦調查局和蘋果公司還為此展開法律訴訟戰。不過，後來聯邦調查局聘請民間專業駭客高手破解了手機密碼。

如果殺手在攻擊中花時間在社群媒體貼文，別忘了利用他分神這一寶貴時刻。

六、火車和飛機

火車和飛機基本上就像行進中的膠囊。它們的速度——尤其是飛機——以及它們的脆弱，使它們非常容易遭受攻擊。

旅客被局限在膠囊範圍內，沒有太大的活動空間。這形成恐怖分子施害的理想目標，而我們也見識到許多類似悲劇。想要取得防衛武器——尤其是在飛機上——非常困難，一方面是因為安全檢查，另一方面是基於安全需要，每樣東西都固定鎖在位置上。

在飛機或火車上最好的防衛是，別忘了，槍手或劫機者同樣也局限在狹窄空間裡，這使得他很容易遭到衝

撞或群攻的反擊。別忘了，可以使用你的書包或熱飲當做現成武器。而且，在這種案例上，不論你要採取什麼行動，快點行動都比稍候再做還要好。

◉ 隨機槍擊事件：法國加萊海峽省標槍女神高鐵列車二〇一五年八月二十一日

從阿姆斯特丹到巴黎的這班定期班次列車，來到比利時邊境城市瓦尼附近時，遭到一名伊斯蘭國恐怖分子攻擊。

然而，這位槍手完全沒料到一群乘客的反應——主要是由預想不到的四個人組合：兩名休假中的美國軍人、他們的一位朋友，以及一位鬥志昂揚的英國退休老人。

歹徒是摩洛哥裔阿育布・伊爾・卡札尼（Ayoub El Khazzani），攜帶一把攻擊步槍和九個彈匣的子彈。他另外還帶著一把手槍、一支刀子和一瓶汽油。

他進入火車廁所準備發動攻擊。當他拿著步槍走出來時，一位二十八歲的法國旅客最先阻擋他——但沒有成功。另一位法國人試圖搶下他的長槍，卻頸部中彈、重傷。

三名美國人——二十二歲的空軍史賓賽・史

東（Spencer Stone）及其平民朋友安東尼・薩德勒（Anthony Sadler），和二十一歲的空軍艾力克・史卡拉托斯（Alek Skarlatos）——也加入戰鬥。

史東首先挑戰槍手，被劃了好幾刀，手指頭差點被利刃切斷。史卡拉托斯搶下槍手的步槍，用槍桿搉他。六十二歲的英國乘客克里斯・諾曼（Chris Normans）衝上去壓制槍手，讓史卡拉托斯搉他。

他們把槍手綁好，然後對頸部大量出血的那位法國旅客施救。史東是個醫護兵，他把兩隻手指伸進傷口，壓住一條動脈，直到停止流血。

攻擊事件之後，克里斯諾曼和三名美國年輕人備受讚揚，法國政府頒給最高榮譽勳章。歹徒則被關進大牢。

反應機靈的乘客對火車恐怖攻擊殺手群攻的反應非常了不起。年輕的美國大兵以軍人的堅決信心立刻反應，不足為奇，但是未經作戰訓練的英國老人的行動的確勇敢、可敬。我要再次強調，請注意如何處理大量失血的救命招數。這是攸關性命的重要技能——請學會它。

◉ 九十三號班機
二〇〇一年九月十一日

這一天，全世界都不會忘記；這一天，四架民航班機遭到劫持，被用來攻擊美國的心臟。其中三架飛機撞上預定目標——紐約雙子星世貿中心大樓，以及華府近郊美國國防部五角大廈。但是，感謝九十三號班機乘客的勇敢，第四架飛機沒能製造傷害。

班機墜落在賓夕凡尼亞州鄉下，機上人員全部喪生，但是凱達組織的奸計未能得逞。九月十一日當天，將近三千人喪生，但是九十三號班機機組人員和乘客的勇氣毫無疑問阻止更多人無辜喪生。

聯合航空公司九十三號班機是定期從紐澤西州紐瓦克直飛加州舊金山的班機。當天上午，它載了七名機組人員和三十三位乘客。四名劫機者身懷利刃和美工刀也購票登機。

由於塔台空中交通控制，班機延遲起飛——這一來擾亂了恐怖分子的時程，他們直到飛行四十分鐘後才控制住飛機。

這時候，飛機可能遭劫的警報已經發布，不幸，機長傑生・道爾（Jason Dahl）要求確認警報不到兩分鐘，

九十三號班機駕駛艙就遭到歹徒控制。空中管制台聽見打鬥聲，以及駕駛艙傳來兩聲 Mayday 呼救，接著又聽到為首的劫機犯齊亞・賈拉（Ziad Jarrah）命令乘客乖乖坐好。他威脅大家機上有炸彈──其實不然。塔台聽到頭等艙空服員黛比・韋爾許（Debbie Welsh）和劫機者搏鬥、被殺，然後一名劫機者以阿拉伯語說：「沒事了，我了結了。」

飛行途中，機長道爾和副機長賀默（Homer）一度把飛機設定在自動往西飛行，並且試圖向乘客及機組人員宣布狀況。機長臨死都勇敢的拒絕合作，齊亞・賈拉花了一點時間才重新設定自動飛行器，終於把飛機掉頭往東飛，預備前往美國首都華府。被趕到飛機後方的乘客和機組人員悄悄利用手機和機上電話打了一系列電話。

乘客和機組人員告訴家人和當局他們陷入危險狀況，也獲悉另外三架飛機遭劫持，已經撞上主要目標。眾人低聲、迅速的討論了情勢，並且投票表決。他們決定要反擊。湯姆斯・布內特（Thomas Burnett Jr.）打電話給他太太，告訴她：「我知道我們死定了。我們有三個人即將有所行動。我愛妳。」

空服員姍蒂・布瑞德蕭（Sandy Bradshaw）告訴她丈夫，她在水壺裡裝了滾燙的熱水，預備用來對付劫機

者。她最後一句話是：「大家都往頭等艙衝。我得走了。再見。」

陶德・畢莫（Todd Beamer）和接線生莉莎・傑佛遜（Lisa Jefferson）連上線，告訴她：乘客們決定偷襲劫機者，搶下飛機，設法降落，以保護地面的目標。他向傑佛遜誦念了一段聖經，其他人跟著一起禱告。然後他說：「如果我不成功，請轉告我家人，讓他們知道我愛他們。」

然後，傑佛遜聽到眾人低聲說話，畢莫清楚的問了：「準備好了嗎？OK，上了。」這就是訊號。根據機內記錄器，九十三號班機乘客和機組人員在上午九點五十七分發動反攻。

向他們敬禮。

伊莉莎白・魏尼歐（Elizabeth Wainio）在電話裡告訴她繼母：「他們準備好要攻進駕駛艙了。我必須走了。我愛妳。再見。」

機上紀錄器可以聽到齊亞・賈拉問話：「怎麼回事？打鬥？他們想衝進來。守住、守住、從裡面守住。從裡面守住。守住啊！」已經掌控飛行的恐怖分子開始翻動飛機，想讓反攻者跌跤。駕駛艙的飛行紀錄器錄下碰撞、尖叫和玻璃、杯盤打碎的聲音。五秒鐘內有三次

聽見駕駛艙外一名劫機者高聲喊痛。

賈拉穩定下來，問：「行了嗎？我們可以完事了嗎？」另一個恐怖分子說：「不，還不到時候。等他們都來，我們再收拾他們。」

有個乘客大喊：「衝進駕駛艙！衝不進去我們就死定了。」

另一名乘客喊說：「滾動它！」他可能指的是以餐車衝撞。我們聽到駕駛艙門撞擊聲。

我們可以肯定，乘客殺了守門的劫機者，也衝進駕駛艙，展開爭奪控制飛機的殊死鬥。賈拉開始讓飛機下降，乘客們則繼續進攻，飛行紀錄器錄下有人爭搶通話器。恐怖分子怕會被制伏，決定撞機來個同歸於盡。九十三號班機速度加快，翻滾，筆直撞到賓州石溪鎮地面——距離華府約二十分鐘飛行時間。

恐怖分子攻擊美國首都的奸計，被九十三號班機乘客和機組人員勇敢、不懈的反攻所瓦解。墜機現場現在被譽為「神聖之地」（Sacred Ground），是九十三號班機紀念園區的一部分。這的確是名至實歸的紀念園地，他們的英勇事跡將永垂青史。

九十三號班機英雄的行動已經說明一切，我不必再

分析此一事實，我只要說：

他們沒有像綿羊走上屠宰場。他們是怒吼、反抗的雄獅。

向英雄致敬！效仿他們！

Copyright ©2017 by John Geddes and Alun Rees

Published by arrangement with Skyhorse Publishing

through Andrew Nurnberg Associates International Limited.

活下來就是英雄
面對濫殺槍手反恐專家教你保命

作者：約翰‧紀狄斯（John Geddes）

艾隆‧李斯（Alun Rees）

譯者：林添貴

總監暨總編輯：林馨琴

責任編輯：楊伊琳

美術編輯：邱方鈺

封面設計：賴維明

行銷企畫：張愛華

發行人：王榮文

出版發行：遠流出版事業股份有限公司

地址：臺北市 10084 南昌路二段 81 號 6 樓

電話：（02）2392-6899　傳真：（02）2392-6658

郵撥：0189456-1

著作權顧問：蕭雄淋律師

2018 年 3 月 1 日　初版一刷

新台幣定價 280 元　（缺頁或破損的書，請寄回更換）

ISBN　978-957-32-8227-3

遠流博識網

http://www.ylib.com

E-mail: ylib@ylib.com

國家圖書館出版品預行編目（CIP）資料

活下來就是英雄：面對濫殺槍手反恐專家教你保命
/ 約翰.紀狄斯（John Geddes），艾隆.李斯（Alun
Rees）著；林添貴譯.-- 初版.-- 臺北市：遠流，
2018.03

面；　公分

譯自：Be a hero : the essential survival guide to active-
shooter events

ISBN 978-957-32-8227-3（平裝）

1. 恐怖活動 2. 逃生與求生

548.86
107001611